ALEXANDER VON ROM

Der bei Ausbleiben staatlicher Ablehnung verbindliche Mehrheitsbeschluß der Weltgesundheitsorganisation

Schriften zum Völkerrecht

Band 5

Der bei Ausbleiben staatlicher Ablehnung verbindliche Mehrheitsbeschluß der Weltgesundheitsorganisation

Ein Verordnungsverfahren des genossenschaftlichen Völkerrechtes

Von

Dr. Alexander von Rom

DUNCKER & HUMBLOT / BERLIN

Vorwort

Die durch die modernen technischen Entwicklungen ermöglichte Ausweitung und Verdichtung des internationalen Verkehrs hat zu einem
engmaschigen, weltumspannenden Netz von Bezogenheiten und Abhän-
gigkeiten, zu einer „Interdependenz" zwischen den Staaten geführt, mit
der Folge, daß sich die Auswirkungen einzelstaatlicher Zustände und
Maßnahmen im internationalen Bereich empfindlich verschärften und so
zu einer Quelle höchst unerwünschter Störungen wurden.

Die Koordinierung des staatlichen Verhaltens auf bestimmten, für das
internationale Zusammenleben besonders wichtigen Sachgebieten wurde
damit zu einem vordringlichen Problem des Völkerrechtes.

Hierbei mußten die einzelnen Normierungsversuche, da das Gewohnheitsrecht seinem Inhalt nach zu allgemein und in seinem Entstehungsprozeß zu langwierig war, ihren Ausgangspunkt bei dem Institut des völkerrechtlichen Vertrages nehmen. Das dort übliche Verfahren zur Bildung und Erklärung einander entsprechender staatlicher Willen konnte
jedoch die Forderung nach schnellen und möglichst allgemein verbindlichen Regelungen nicht erfüllen. Es mußten daher neue Möglichkeiten
völkerrechtlicher Rechtsetzung entwickelt werden.

Im Rahmen der einzelnen Lösungsversuche, die jeweils aus der besonderen Interessenkonstellation ihres Sachbereiches heraus unternommen
wurden, lassen sich vier Programmpunkte feststellen, die jedoch wegen
bestimmter überkommener Vorstellungen von Art und Umfang einer un-
bedingt aufrechtzuerhaltenden staatlichen Entscheidungsbefugnis über
die Frage der eigenen rechtlichen Gebundenheit meist nur alternativ ver-
wirklicht werden konnten.

Es sind dies 1. die inhaltliche Festlegung der angestrebten Regelung
im Wege des Mehrheitsbeschlusses, 2. eine reale, über das neugeschaffene
Institut der Empfehlung hinausreichende rechtliche Verbindlichkeit, 3.
ein allgemeiner, umfassender Geltungsbereich und 4. die Beschleunigung
des Verfahrens.

Das bisher wohl interessanteste Ergebnis dieser allgemeinen Problematik findet sich auf dem Gebiet des internationalen Gesundheitwesens,
denn während grundsätzlich zur völkerrechtlichen Willensbildung Einstimmigkeit und zur Verleihung rechtlicher Verbindlichkeit die staatliche

Ratifikation erforderlich sind, bringen Art. 21, 22 der Satzung der Weltgesundheitsorganisation für bestimmte gesundheitstechnische Sachbereiche ein Normierungsverfahren durch Mehrheitsbeschluß, das von einem Ratifikationserfordernis absieht und den Sonderinteressen der Staaten einen neuen Raum zuordnet, indem es diesen die Möglichkeit gibt, die eigene völkerrechtliche Gebundenheit an die beschlossenen Vorschriften nach deren Bekanntgabe durch eine fristgemäße Gegenerklärung einzuschränken oder ganz auszuschließen. Dieses Verfahren erscheint im Vergleich zur Vielzahl anderer und ähnlicher Versuche als theoretisch und praktisch ausgewogene Lösung, deren nähere Untersuchung sich mit einer ganzen Reihe von Fragen aus dem Gebiet des allgemeinen Völkerrechts auseinandersetzen muß.

Die Analyse der tatsächlichen Situation im Völkerrecht, die zur Entwicklung dieses und ähnlicher Verfahren führte, die Frage einer Willenserklärung durch Schweigen, die Problematik des Mehrheitsbeschlusses, der besondere Charakter einer Rechtsetzung im Völkerrecht, die Abgrenzung von Gesetzgebung, Verordnung und Autonomie, das Wesen der genossenschaftlichen, auf die einzelstaatliche Entscheidungsbefugnis gegründeten Natur des Völkerrechtes und schließlich die Frage nach der Vereinbarkeit aller theoretischer und praktischer Aspekte des neuen Verfahrens mit diesem Grundcharakter zwischenstaatlicher Organisation gaben dem Thema jenen weitgesteckten Rahmen, der es einer wissenschaftlichen Bearbeitung wert erscheinen ließ.

Die vorliegende Arbeit ist im Oktober 1966 abgeschlossen worden und wurde von der juristischen Fakultät der Ludwig-Maximilians-Universität zu München als Dissertation angenommen.

Zu besonderen Dank bin ich meinem verehrten Lehrer, Herrn Prof. Dr. F. J. Berber verpflichtet, der mir dieses Thema vorgeschlagen hat und unter dessen wissenschaftlicher Betreuung die Arbeit entstand. Danken möchte ich auch Herrn Prof. Dr. H. Spanner, der die Arbeit als Korreferent gelesen hat, wie auch den Herren Assistenten am Institut für Völkerrecht der Universität München Herrn Dr. Randelzhofer und Herrn Assessor Schmitt.

Herrn Ministerialrat a. D. Dr. J. Broermann möchte ich meinen Dank dafür aussprechen, daß er meine Arbeit in seine Reihe „Schriften zum Völkerrecht" aufgenommen und mir so die Gelegenheit zur Veröffentlichung gegeben hat.

München, im Mai 1967

Alexander von Rom

Inhaltsverzeichnis

Drittes Kapitel

**Die rechtliche Natur der Verbindlichkeit
von Beschlüssen nach Art. 21, 22 SWHO**

Abkürzungsverzeichnis

a. E.	=	am Ende
AJIL	=	American Journal of International Law
Ann. Fr.	=	Annuaire Français de Droit International
ArchVR	=	Archiv für Völkerrecht
BdtGVR	=	Berichte der deutschen Gesellschaft für Völkerrecht
BGBl.	=	Bundesgesetzblatt der Bundesrepublik Deutschland
BYIL	=	British Yearbook of International Law
CINA	=	Commission Internationale de Navigation Aérienne
DÖV	=	Die öffentliche Verwaltung
EB	=	Entscheidung des Executive Board der Weltgesundheitsorganisation
GeschO	=	Geschäftsordnung, rules of procedure
ICJ	=	International Court of Justice
ICLQ	=	International and Comparative Law Quarterly
IGH	=	Internationaler Gerichtshof
IGO	=	Internationale Gesundheitsordnung International Sanitery Regulations
ILO	=	Internationale Arbeitsorganisation International Labour Organization
Kap.	=	Kapitel
LNTS	=	Leage of Nations Treaty Series
NRG		Nouveau Recueil Général des Traités
Off. Rec.	=	Official Records of the World Health Organization
P. C. I. J.	=	Permanent Court of International Justice, Veröffentlichungen
pss	=	pacta sunt servanda
RC	=	Recueil des Cours de l'Académie Internationale
Rev. gén	=	Revue générale de droit international public
Schw. Jhrb.	=	Schweizerisches Jahrbuch für Internationales Recht
StIGH	=	Ständiger Internationaler Gerichtshof
SWHO	=	Satzung der Weltgesundheitsorganisation WHO
SWMO	=	Satzung der Weltorganisation für Meteorologie WMO
UNO	=	Organisation der Vereinten Nationen
UNTS	=	United Nations Treaty Series
VGR	=	Völkergewohnheitsrecht

VO	=	Verordnung
VR	=	Völkerrecht
vr.	=	völkerrechtlich(e)
vrm.	=	völkerrechtlichem
vrn.	=	völkerrechtlichen
vrr.	=	völkerrechtlicher
VVDStRL	=	Veröffentlichungen der Vereinigung der deutschen Staatsrechtslehrer
VVerfR	=	Völkerverfassungsrecht
VVers.	=	Vollversammlung
WGVers.	=	Weltgesundheitsversammlung, World Health Assembly
WHA	=	Beschluß der Weltgesundheitsversammlung
WHO	=	Weltgesundheitsorganisation, World Health Organization
Yearb. ILC	=	Yearbook of the International Law Commission
ZaöRV	=	Zeitschrift für ausländisches öffentliches Recht und Völkerrecht
ZfVR	=	Zeitschrift für Völkerrecht

Erstes Kapitel

Einführung in die Vorschriften und in die bisherigen Ergebnisse des Verfahrens nach Art. 21, 22 der Satzung der Weltgesundheitsorganisation WHO (SWHO)

I. Die einschlägigen Bestimmungen in der SWHO

Nach Art. 21 der SWHO[1] ist die Weltgesundheitsversammlung (WG-Vers.), d. h. die Versammlung der von den Mitgliedstaaten entsandten, möglichst fachlich qualifizierten Delegierten[2], ermächtigt, Regelungen[3] zu erlassen:

a) für sanitäre und Quarantäne-Maßnahmen und andere Vorkehrungen zur Verhinderung der internationalen Verbreitung von Krankheiten,

b) zur Kennzeichnung von Krankheiten, Todesursachen und Arbeitsmethoden des öffentlichen Gesundheitswesens,

c) zur Vereinheitlichung der diagnostischen Verfahren für den internationalen Gebrauch,

d) zur Normierung bezüglich der Sicherheit, Reinheit und Wirksamkeit biologischer, pharmazeutischer und verwandter Erzeugnisse im internationalen Handelsverkehr,

e) zur Ankündigung[4] und Bezeichnung biologischer, pharmazeutischer und verwandter Erzeugnisse im internationalen Handelsverkehr.

Die gemäß Art. 21, 60 a, 60 b mit einfacher Mehrheit[5] zu beschließenden Regelungen treten nach Art. 22 für alle Mitgliedstaaten in Kraft, nachdem

---

[1] UNTS I, 221 in Bd. 14, S. 185 ff.; Dt. Übers. der Forschungsstelle für VR und ausl. öffentl. Recht der Universität Hamburg nach einem Entwurf von Dr. *Hampe* unter Berücksichtigung des im Bundesblatt der Schweizer Eidgenossenschaft, Jg. 98, (1946), Bd. III, Nr. 21, v. 10. 10. 46, S. 720 ff. ersch. dt. Textes in: Dokumente, hrsg. v. d. zit. Forschungsstelle, Heft VI, 1952, S. 14 ff.

[2] Art. 10, 11 SWHO.

[3] „Regulations", gemeint sind allgemeine, abstrakte Vorschriften, nicht etwa Entscheidungen für den Einzelfall. Daher Übersetzung als „Entscheidungen" mißverständlich (so Hans *Wehberg*: Internationale Zusammenarbeit auf dem Gebiete des Gesundheitswesens, Die Weltgesundheitsorganisation, in: Friedenswarte, Bd. 47, 1947, S. 149).

[4] Auch im Sinn von Reklame (engl.: advertizing, span.: propaganda).

[5] Der Erlaß von Vorschriften nach Art. 21 fällt nicht unter die eine $^2/_3$

ihre Annahme durch die Gesundheitsversammlung gebührend bekannt-gegeben ist, es sei denn, daß ein Mitgliedstaat den Generaldirektor inner-halb der in der Bekanntgabe festgesetzten Frist von der Ablehnung oder der Geltendmachung von Vorbehalten in Kenntnis gesetzt hat.

II. Ausführungsbestimmungen in den Vorschriften
Nr. 1 der WHO (Nomenklatur-Vorschriften)

Auf Grund dieser Bestimmungen in der Satzung hat die erste WGVers. am 24. Juli 1948 die Vorschriften Nr. 1 der WHO erlassen[6], die die Mit-gliedstaaten der Organisation verpflichten, in bestimmter Form und un-ter Verwendung der festgelegten Nomenklatur jährliche Statistiken über Krankheitsfälle und Todesursachen zusammenzustellen und zu veröffent-lichen. Die Vorschriften gelten nach Art. 20 für jeden Mitgliedstaat, der nicht innerhalb von 12 Monaten nach ihrer Annahme durch die WGVers. dem Generaldirektor gemäß Art. 22 der Satzung ihre Ablehnung oder einen Vorbehalt mitteilt. Ablehnung und Vorbehalt sind nach Art. 21 der Vorschriften — letzterer auch teilweise — jederzeit zurücknehmbar.

Nachdem die „Nomenklaturvorschriften"[7] den Mitgliedstaaten am 9. August 1948 bekanntgemacht worden waren, traten sie am ersten Ja-nuar 1950 als dem in ihrem Art. 19 bestimmten Termin für 52 Staaten, von denen 11 Vorbehalte erklärt hatten, in Kraft.

Durch die am 13. Juni 1949 von der zweiten WGVers. beschlossenen Er-gänzungsvorschriften[8] ist dann der erwähnte Art. 20 der Nomenklatur-vorschriften — um ihn besser mit Art. 22 der Satzung in Einklang zu bringen — dahingehend abgeändert worden, daß die Erklärungsfrist nicht schon mit Beschlußfassung, sondern erst mit der Bekanntgabe der Annahme an die Mitgliedstaaten zu laufen beginnt.

Die Vorschriften Nr. 1 wurden geändert durch Beschluß der 9. WGVers. vom 21. Mai 1956[9]. Nach Art. III der Änderung betrug die Erklärungs-frist 9 Monate ab Bekanntgabe. In Art. IV wurde der Zeitpunkt ihres In-krafttretens auf den 1. Januar 1958 festgesetzt.

Mehrheit verlangenden Kategorien des Art. 60a und ist nach Art. 60b noch nicht zu einer solchen erklärt worden. Bei der Annahme von Zusatzvorschrif-ten am 26. Mai 1955 zu den Gesundheitsvorschriften vom 25. Mai 1951 betrug das Abstimmungsergebnis 21 gegen 13 Stimmen bei 20 Enthaltungen (Off. Rec. Nr. 63, S. 123).

[6] Beschluß WHA 1.36, Off. Rec. Nr. 13, Annex 1, S. 349 ff.; UNTS I, 847, Bd. 66, S. 26 ff.

[7] Offizielle Bezeichnung: nomenclature-regulations, vgl. Off. Rec. Nr. 71, Annex 6, S. 424.

[8] Beschluß WHA 2.93, Off. Rec. Nr. 21, Annex 13, S. 383 f.

[9] Beschluß WHA 9.29, Off. Rec. Nr. 71, Annex 6, S. 424 f.

III. Ausführungsbestimmungen in den Vorschriften Nr. 2 der WHO (Gesundheitsvorschriften oder internationale Gesundheitsordnung, IGO)

Als Vorschriften Nr. 2 der WHO hat die vierte WGVers. am 25. Mai 1951 die „Internationale Gesundheitsordnung" erlassen[10], die eine einheitliche Regelung aller gesundheitlichen Maßnahmen zur Verhütung der Übertragung ansteckender Krankheiten bei internationalen Reisen zu Lande, zu Wasser und im Luftverkehr vorsieht[11].

In Art. 106 IGO ist als Frist zur Erklärung von Vorbehalten oder Ablehnung nach Art. 22 SWHO ein Zeitraum von 9 Monaten festgelegt, von dem Tag an gerechnet, an dem der Generaldirektor die Annahme der Vorschriften durch die Weltgesundheitsversammlung bekanntgibt.

Abs. 2 von Art. 106 bringt die Möglichkeit einer Verlängerung dieser Frist für überseeische oder sonstige ferne Hoheitsgebiete, für deren internationale Beziehungen ein Staat verantwortlich ist.

In Abs. 3 heißt es: Geht eine Ablehnung oder ein Vorbehalt nach Ablauf der in den Absätzen 1 oder 2 dieses Artikels erwähnten Frist beim Generaldirektor ein, so ist die Ablehnung oder der Vorbehalt *rechtsunwirksam*.

Art. 107 bestimmt, daß ein Vorbehalt erst dann gültig wird und die Vorschriften bezüglich des Staates, der ihn angemeldet hat, erst dann in Kraft treten, wenn er von der Versammlung der WHO angenommen ist. Die Versammlung kann dem Vorbehalt mit der Begründung widersprechen, daß er den Charakter und das Ziel dieser Vorschriften in wesentlichem Umfang beeinträchtigt. In diesem Fall tritt die IGO für den Staat erst in Kraft, wenn er seinen Vorbehalt zurückgezogen hat.

Nach Art. 108 kann eine Ablehnung oder ein Vorbehalt sowie ein Teil davon durch eine Meldung an den Generaldirektor jederzeit zurückgezogen werden.

Art. 109 Abs. 1 bestimmt als Termin für das Inkrafttreten der IGO den 1. Oktober 1952, einen Zeitpunkt also, der über ein Jahr und vier Monate nach dem Tag der Beschlußfassung liegt und damit die Möglichkeit einer Verzögerung der Bekanntgabe, wie auch die sich anschließende

---

[10] WHO Sanitary Regulations; Beschluß WHA 4.75, Off. Rec. 37, Teil II, S. 334 ff.; UNTS I, 2303 Bd. 175, S. 215 ff.; dt. Übers. in BGBl. 1955 II, S. 1060 ff.; dt. Übers. d. engl. Textes von E. *Bock* unter Mitwirkung der Forschungsstelle für VR und ausl. öffentl. Recht der Universität Hamburg in Dokumente, hrsg. von d. zit. Forschungsstelle, Heft VI, S. 30 ff. Hier Bezeichnung als „Internationale Gesundheitsordnung". Ebenso Karl *Zemanek*: Weltgesundheitsorganisation, Staatslexikon, Bd. VIII, 1963, S. 526 ff.

[11] Ludwig *Dischler*: Weltgesundheitsorganisation WHO, Dokumente, Heft VI, S. 10.

neunmonatige Erklärungsfrist und dazu noch einen weiteren längeren Zeitraum gewähren sollte.

Nach Art. 109 Abs. 2 beginnt für denjenigen Staat, der der Organisation nach dem 1. Okt. 1952 beitritt und nicht bereits durch die IGO gebunden ist, mit dem Tag seines Beitritts eine 3-Monatsfrist, innerhalb derer er Vorbehalte bzw. die Ablehnung erklären kann. Werden die Vorschriften nicht abgelehnt, so treten sie bezüglich dieses Staates, vorbehaltlich der Bestimmungen des Art. 107, mit Ablauf der erwähnten Frist in Kraft.

Art. 110 bestimmt, daß ein Staat, der nicht der WHO angehört, durch Erklärung seiner Annahme „Vertragspartei" bezüglich der IGO werden kann. Wird die Annahme in Verbindung mit einem Vorbehalt erklärt, so gelten die Vorschriften des Art. 107. Im übrigen wird die IGO für diesen Staat mit dem Tag ihres Inkrafttretens wirksam oder, wenn die Annahme erst nach diesem Zeitpunkt gemeldet wird, drei Monate nach dem Eingang der Meldung.

IV. Die zur IGO erklärten Vorbehalte und Ablehnungen unter besonderer Berücksichtigung der Ablehnung von Seiten Norwegens

Am 11. Juni 1951 gab der Generaldirektor der WHO die Annahme der IGO durch die Versammlung der Organisation bekannt[12]. Bis zum Ablauf der 9-Monatsfrist am 11. März 1952 hatten 25 der 89 Mitgliedstaaten von ihrem „Recht"[13] der Gegenerklärung Gebrauch gemacht.

Von den insgesamt 73 angemeldeten Vorbehalten nahm die WGVers. 35 an und wies 38 zurück. 11 weitere Erklärungen wurden als Zusatzanträge angesehen und daher nicht bearbeitet.

Vier Staaten, nämlich Dänemark[14], die Bundesrepublik Deutschland[15], Schweden[16] und die Schweiz[17], machten ihre Bindung an die IGO von der Erfüllung verfassungsmäßiger Verfahren abhängig, die sie für die Annahme der Vorschriften für notwendig hielten. Die WGVers. folgte der Ansicht eines aus drei Ärzten und vier Juristen gebildeten Sonderaus-

---

[12] Die folgenden Daten stützen sich im Wesentlichen auf den von der WHO herausgegebenen Bericht: Sanitary Regulations and Conventions, in Off. Rec. Nr. 45, S. 41.

[13] a.a.O.: „Twenty-five Member States had exercised their right by the end of the period."

[14] Off. Rec. Nr. 42, S. 375.

[15] a.a.O., S. 381.

[16] a.a.O., S. 401.

[17] a.a.O., S. 402.

schusses (Ad hoc committee), den der Generaldirektor in Erfüllung der Executive Board resolution EB9.R78 als Hilfe der Versammlung bei der Prüfung der Vorbehalte eingesetzt hatte, und betrachtete die Vorbehalte als Ablehnung, wenn auch von rein formalem Charakter.

Norwegen hat eine solche aus Verfassungsgründen erfolgte „Ablehnung" so spät erklärt, daß sie erst am 12. März, also einen Tag nach Ablauf der Frist, beim Generaldirektor der WHO einging[18].

In dem Schreiben der Norwegischen Regierung heißt es[19]:

„... Norwegen wird aus Verfassungsgründen nicht sofort in der Lage sein, Vertragspartei der IGO zu werden.

Gemäß der Verfassung dieses Landes können Regelungen solcher Art nicht direkt mit Gesetzeskraft erlassen werden[20]. Die zuständigen, hierzu ermächtigten Organe werden daher das bestehende Recht mit der IGO in Einklang bringen müssen, indem sie neue Gesetze oder zumindest Zusätze und Ergänzungen zu den bestehenden Gesetzen erlassen.

Vor allem müssen die Vorschriften, die von der WGVers. am 25. Mai 1951 verabschiedet wurden, vom König ratifiziert werden. Vor der Ratifikation müssen die Vorschriften vor das Storting (Nationalversammlung) gebracht werden, um dessen Zustimmung zu erhalten, und die berichtigenden Gesetze, Zusätze und Ergänzungen, die notwendig werden, müssen verabschiedet werden."

Der zur Bearbeitung der Vorbehalte und Ablehnungen eingesetzte Sonderausschuß erklärte[21], die Ablehnung oder der Vorbehalt der norwegischen Regierung sei erst nach dem 11. März 1952 zugegangen und falle daher unter Art. 106 Abs. 3 der Vorschriften[22].

Norwegen verabschiedete daraufhin die IGO, ohne in irgendeiner Weise gegen die Entscheidung des Sonderausschusses zu protestieren. Blix folgert daraus, daß die Wichtigkeit des von der Versammlung eingenommenen Standpunktes den Mitgliedern der Organisation wohl gar nicht zu Bewußtsein gekommen ist[23].

---

[18] a.a.O., S. 390.

[19] Dt. Übersetzung des a.a.O. abgedruckten engl. Originaltextes.

[20] Art. 26 der norwegischen Verfassung bestimmt, daß „... such treaties as, according to the Constitution, necessitate a new law or a decision on the part of the Storthing in order to be carried into effect, shall not be binding untill the Storthing has given its consent thereunto." (Amos J. *Peaslee*: Constitutions of Nations, Bd. III, 2. Aufl., 1956, S. 53).

[21] Off. Rec. a.a.O. im Anschluß an das Schreiben der norwegischen Regierung.

[22] Vgl. oben Erstes Kap., unter III.

[23] Hans *Blix*: Treaty-making Power, 1960, S. 296.

V. Die Verbindlichkeit der IGO für
die Bundesrepublik Deutschland unter besonderer
Berücksichtigung der Änderung vom 26. Mai 1955

Am 21. Dez. 1955 nahm der deutsche Bundestag die IGO an. Das Zustimmungsgesetz trat am 30. Dez., eine Tag nach seiner Verkündigung im Bundesgesetzblatt[24], in Kraft. Am 17. April 1956 ging beim Generaldirektor der WHO die Zurückziehung der deutschen Ablehnung ein[25]. Am 1. März 1957 wurde die Bekanntmachung vom 25. Febr. 1957 über das Inkrafttreten der Internationalen Gesundheitsvorschriften im Bundesgesetzblatt veröffentlicht[26].

Die von der 9. WGVers. am 23. Mai 1956[27], von der 13. am 19. Mai 1960[28] und von der 16. am 23. Mai 1963[29] beschlossenen Änderungen der IGO hat die Bundesrepublik Deutschland unter Hinweis auf das verfassungsmäßige Ratifikationsverfahren abgelehnt[30].

Ob auch zu der am 12. Mai 1965 von der 18. WGVers. beschlossenen Änderung[31] seitens der Bundesrepublik eine Stellungnahme abgegeben wurde, konnte noch nicht festgestellt werden.

Bezüglich der von der 8. WGVers. am 26. Mai 1955 angenommenen Änderung[32] hat sie allerdings die Erklärung einer Ablehnung unterlassen.

In dem Zustimmungsgesetz vom 29. Sept. 1965[33] heißt es daher in Art. 5:

(1) Dieses Gesetz tritt, soweit es die von der 8. Weltgesundheitsversammlung beschlossenen Änderungen betrifft, mit Wirkung vom 1. Okt. 1956[34], im übrigen am Tage nach seiner Verkündung in Kraft.

(2) Die von der 8. Weltgesundheitsversammlung am 26. Mai 1955 beschlossenen Änderungen sind am 1. Oktober 1956 für die Bundesrepublik Deutschland in Kraft getreten. Der Tag an dem die von der 9., 13. und 16. Weltgesundheitsversammlung beschlossenen Änderungen für die Bundesrepublik Deutschland in Kraft treten, ist im Bundesgesetzblatt bekanntzugeben.

---

[24] BGBl. 1955 II, S. 1060 ff.

[25] UNTS I 2303 in Bd. 252, S. 336.

[26] BGBl. 1957 II, S. 10 ff.

[27] WHA 9.49, Off. Rec. Nr. 72, S. 80 ff.

[28] WHA 13.59, Off. Rec. Nr. 102, S. 20 ff.

[29] WHA 16.34, Off. Rec. Nr. 127, S. 16 ff.

[30] Off. Rec. Nr. 79, Annex 1, S. 511; Nr. 110, Annex 1, S. 32; Nr. 135, Annex 1, S. 31.

[31] WHA 18.5, Off. Rec. Nr. 143, S. 2 ff.

[32] WHA 8.36, Off. Rec. Nr. 63, S. 34 ff., UNTS I 2303, Bd. 252, S. 338 ff.

[33] BGBl. 1965 II, S. 1413 ff.

[34] In Art. III der Änderungen vom 26. Mai 1955 für das Inkrafttreten der Zusatzbestimmungen festgelegter Termin.

VI. Zusammenfassung

In Art. 21, 22 SWHO haben wir somit ein Verfahren vor uns, nach dem auf bestimmten Sachgebieten des internationalen Gesundheitswesens der *Inhalt abstrakter,* nicht nur für den Einzelfall vorgesehener *Normen* durch den *Mehrheitsbeschluß* der sich aus fachlich möglichst qualifizierten Vertretern der Mitgliedstaaten zusammensetzenden WGVers. *festgelegt* wird und nach dem die so beschlossenen Vorschriften für alle Mitgliedstaaten *verbindlich* werden, die dem Generaldirektor der Organisation nicht innerhalb einer bestimmten Frist eine *Gegenerklärung* zugehen lassen.

Im folgenden sollen nun zuerst einmal die soziologischen Zusammenhänge und Interessenkonstellationen untersucht werden, die im VR zur Ausbildung dieses und ähnlicher Rechtsinstitute geführt haben.

Zweites Kapitel

Soziologische Grundlagen, die zu neuen Verfahren einer internationalen Koordinierung des einzelstaatlichen Verhaltens führten

I. Die neuen Interessenkonstellationen gegenseitiger Interdependenz

Die modernen Entwicklungen auf dem Gebiet der Wirtschaft und des Verkehrs haben zu einer neuen Situation zwischen den Staaten geführt. Die Großräumigkeit und Dichte des internationalen Verkehrsnetzes und die engen zwischenstaatlichen Wirtschaftsbeziehungen haben eine Reihe neuer, gemeinsamer Ziele entstehen lassen und führten gleichzeitig zu neuen, für die nun enger zusammengeschlossenen Staaten in ihrer Gesamtheit bestehenden Gefahren. Die Verfolgung der Ziele wie auch die Abwehr der Gefahren verlangten von den Einzelstaaten ein gemeinsames und schnelles Vorgehen.

So wurde durch die industrielle Revolution des 19. und die technische des 20. Jahrhunderts die Konzeption eines VRs benötigt, das unabhängig von dem zu allgemeinen und sich zu langsam bildenden VGR von einer Staatengemeinschaft bewußt gesetzt werden konnte[1].

Besonders auf dem Gebiet des internationalen Sanitätswesens ist bei der Bekämpfung ansteckender Krankheiten, deren schnelle Verbreitungsgefahr mit dem Anwachsen eines großräumigen Verkehrs immer mehr stieg, das Erfordernis einer solidarischen Zusammenarbeit in aller Schärfe hervorgetreten[2] und hat schon im Laufe des 19. Jahrhunderts, beginnend mit der Einberufung der ersten Gesundheitskonferenz in Paris 1851 durch den damaligen Präsidenten der französischen Republik, Prinz Louis-Napoleon Bonaparte, zu zahlreichen internationalen Konferenzen und Abkommen geführt, wie auch zur Bildung von fünf Gesundheitsräten

---

[1] Manley O. *Hudson:* International Legislation, Einleitung zu Bd. I, 1931, S. XIII. Als Wendepunkt nimmt Hudson die internationale Fernmeldekonferenz in Paris 1864 an (a.a.O., S. XVIII).

[2] Hans *Wehberg:* Ein Vorläufer internationaler Organisation: Der oberste Gesundheitsrat von Konstantinopel, Scritti Perassi, 1957, Bd. 2, S. 408.

von mehr oder minder internationalem Charakter[3] in Alexandrien, Konstantinopel, Saulina, Tanger und Teheran, als Vorläufer des Internationalen Gesundheitsamtes (Office International d'Hygiène Publique), vereinbart in Rom im Jahre 1907[4] und errichtet 1909 in Paris, und schließlich der WHO von 1946[5].

Da einzelstaatliche Gesundheitsfürsorgemaßnahmen nur einen beschränkten Erfolg haben, gleichzeitig aber eine empfindliche Beeinträchtigung des zwischenstaatlichen Handels mit sich bringen[6], ergab sich die Notwendigkeit, das Verhalten der Staaten durch eine solche einheitliche Normierung zu koordinieren, die durch Sachlichkeit und den neuesten technischen Stand eine wirksame Verfolgung der gemeinsamen Ziele[7] ermöglicht[8]. Die Ausdehnung des Weltverkehrs machte es erforderlich, daß die Normierung einen immer größeren und allgemeineren Kreis von Staaten umfaßte; seine Zunahme an Schnelligkeit und Intensität verlangte eine Beschleunigung des Verfahrens und, daß möglichst bald endgültige Klarheit darüber bestehen sollte, welche Staaten gebunden sind und welche nicht.

Die internationalen Konferenzen konnten die Forderung nach schnell zu erlassenden, einheitlichen und möglichst allgemeinen Regelungen nicht in ausreichender Weise erfüllen. Ihre Einberufung war zeitraubend. Die Annahme eines später zu ratifizierenden Vertragsentwurfes erforderte zumindest Quasieinstimmigkeit.

---

[3] *Wehberg*, a.a.O.

[4] Arrangement pour la création, à Paris, d'un Office d'Hygiène Publique signé à Rome le 9 décembre 1907 in: *De Martens*, NRG, 3. Ser. Bd. 2, S. 913.

[5] Eine genaue Zusammenstellung der geschichtlichen Entwicklung des internationalen Gesundheitswesens unter Hervorhebung der einzelnen Konferenzen, Abkommen und Errichtung internationaler Organe bringt Cino *Vitta*: Le droit sanitaire international, RC, Bd. 33, (1930 III), S. 549 ff.

[6] Gerd *Oldenhage*: Die Reaktionsmaßnahmen internationaler Organisationen gegen Pflichtverletzungen ihrer Mitgliedstaaten, 1963, S. 231.

[7] Über Aufgaben und Tätigkeit der WHO im Ganzen vgl. Fraser *Brockington*: The World Health Organization (WHO) in: The United Nations, the first ten years, 1957, S. 130 ff.

[8] *Bezüglich des durch Erlaß der IGO angestrebten Zweckes*, den internationalen Handel vor übertriebenen staatlichen Gesundheitsschutzmaßnahmen gerade zu bewahren, die zu ernsten wirtschaftlichen Folgeerscheinungen führen können und außerdem nur einen begrenzten gesundheitspolitischen Erfolg versprechen, da sie wegen ihrer Übertriebenheit zu einer Umgehung der strengen Kontrollen verleiten, vgl. die von dem Sachverständigenausschuß für internationale Seuchenkunde und Quarantäne (Expert Committee on International Epidemiology and Quarantine) für die IGO herausgearbeiteten Prinzipien: Off. Rec. Nr. 19, S. 7 ff.: Um den internationalen Handel vor unnötig störenden Eingriffen zu schützen, sollten die Staaten über die in der IGO enthaltenen, *das notwendige Mindestmaß* darstellenden Maßnahmen nicht hinausgehen, sondern vielmehr ihre interne Widerstandskraft erhöhen und für eine genaue und schnelle Berichterstattung sorgen.

Im Rahmen der internationalen Organisationen konnte dieses Verfahren in vieler Hinsicht verbessert werden. Die Beschränkung auf ein bestimmtes Sachgebiet wie auch die Entsendung von Fachleuten von seiten der Staaten führten zu einer gewissen Entpolitisierung der Materie. Hierdurch und durch Einführung des Mehrheitsentscheides wurde eine schnelle Ausarbeitung und Annahme von sachgerechten Regelungen ermöglicht.

Daß etwa die von der Konferenz der internationalen Arbeitsorganisation (ILO) nach Art. 405, Teil XIII Versailler Vertrag mit $^2/_3$ Mehrheit als Entwürfe beschlossenen Arbeitsabkommen für einen Mitgliedstaat erst dann verbindlich werden, wenn sie von ihm ratifiziert worden sind, kann doch den Fortschritt in der Methode nicht verleugnen.

Die Mitgliedstaaten sind nur vor die Frage gestellt, ob sie das Abkommen ratifizieren wollen oder nicht, können aber, abgesehen von der Erklärung gewisser Vorbehalte, keine Änderungen am Vertragstext mehr vornehmen.

Auch die WHO kennt in Art. 19 der Satzung ein Verfahren, wonach die von der WGVers. mit $^2/_3$ Mehrheit beschlossenen Abkommen zu ihrer Verbindlichkeit nur noch der Ratifizierung durch die Mitgliedstaaten bedürfen.

Das Ratifizierungsverfahren ist jedoch im allgemeinen so langwierig und in seinem Ergebnis so unsicher[9], daß der Erfolg des nur im unverbindlichen Entwurf beschlossenen Abkommens als einer möglichst schnell, möglichst allgemein verbindlichen Regelung zweifelhaft wird.

Besonders den Bedürfnissen des internationalen Gesundheitswesens stand, wie schon der Grundsatz der Einstimmigkeit, so auch das Erfordernis staatlicher Ratifikation im Wege[10].

Während aber das Internationale Gesundheitsamt in Paris, abgesehen von seiner Zuständigkeit im Rahmen des Internationalen Sanitätsabkommens für die Luftfahrt von 1933[11], trotz mehrerer diesbezüglicher Ver-

---

[9] Bezüglich dieser „governmental inertia" stellt Ricardo J. *Alfaro,* Yearb. ILC 1951 I, S. 52, fest, daß eine bestimmte amerikanische Republik von 61 unterzeichneten Verträgen nur 9 ratifiziert habe; zit. auch in Günther *Schulz:* Entwicklungsformen internationaler Gesetzgebung, S. 48.
Auch zu den von der ILO ausgearbeiteten Arbeitsabkommen sind einer organisationsinternen Untersuchung zufolge grundsätzlich nicht mehr als nur $^1/_5$ bis $^1/_4$ der maximal möglichen Ratifikationen erfolgt (Georg *Schwarzenberger:* A Manual of International Law, 4. Aufl., 1960, Bd. 1, S. 262).

[10] Cromwell A. *Riches:* Majority Rule in international Organisation, 1940, S. 129: „The old method of unanimous consent to proposal and unanimous consent through ratification is not suitable for keeping sanitary ... law up to the needs of the international society."

[11] Vgl. unten, Zweites Kap., II 2.

suche keine eigentlichen Befugnisse zur Ausarbeitung neuer Normen des internationalen Gesundheitsrechtes eingeräumt erhielt[12], kam es im Rahmen der WHO — neben dem grundsätzlichen Verfahren nach Art. 19 — auf den eng begrenzten Sachgebieten des Art. 21, auf denen eine schnelle, mit den modernen Entwicklungen Schritt haltende und möglichst allgemein verbindliche Regelung[13] besonders notwendig erschien, zur Ausbildung des in Art. 22 niedergelegten Verfahrens eines mangels Gegenerklärung verbindlichen Mehrheitsbeschlusses.

Zu der neuen Entwicklung sagt Friedmann[14], daß, während das herkömmliche VR sich mit Konflikten zwischen den einzelnen nationalen Interessen zu beschäftigen gehabt habe, die sich häufenden Fälle von Interessengemeinschaft ein kooperatives VR verlangten.

In Umkehrung eines Satzes von Cromwell A. Riches[15] läßt sich sagen, daß im Fall einer anerkannten Interessengemeinschaft, bei Einigkeit in den Zielen auch ein Mehrheitsentscheid insofern möglich wird, als die Minorität nun einen Grund sieht, einer Entscheidung, die von der Majorität getroffen sein mag, zu folgen.

Die neue historisch-soziologische Situation einer immer engeren Verflechtung der Staatengemeinschaft betont C. Wilfred Jenks[16]: Während der StIGH im Lotus-Fall[17] von 1927 noch habe sagen können: Beschränkungen der Unabhängigkeit von Staaten könnten nicht vermutet werden, handele es sich bei den Staaten heute nicht mehr um ,independente‘, sondern um ,interdependente‘ Gemeinschaften, deren Koexistenz von der Anerkennung ihrer wechselseitigen Interdependenz abhängig sei. Man nähere sich damit immer mehr einer Lage, in der es das Fehlen der gegenseitigen Abhängigkeit sei, das nicht mehr vermutet werden könne.

Die soziologischen Tatsachen als solche führen noch nicht zu einer neuen Rechtslage. Sie sind nicht selbst „Rechtsquelle" im formellen Sinn, beeinflussen aber — als Motive für die Entscheidung des Gesetzgebers — die Rechtsbildung indirekt[18].

---

[12] *Riches*, a.a.O., S. 125 ff.

[13] Vgl. H. *van Zile Hyde:* World Health Organization, US Department of State Publ. Nr. 3126, 1948, S. 8: „Such regulations ... will come into effect on a wide basis more rapidly than is possible in the case of conventions and can be revised in pace with technical progress."

[14] Wolfgang *Friedmann:* The Changing Structure of International Law, 1964, S. 367.

[15] *Riches*, a.a.O., S. 296; zit. auch in Inis L. *Claude*, Jr.: Swords into Plowshares, 1964, S. 118.

[16] C. Wilfred *Jenks:* Interdependence as the basic concept of contemporary international law, in: Mélanges Henri Rolin, 1964, S. 147 f.

[17] P.C.I.J. Ser. A, Nr. 10, S. 18.

[18] Sir Gerald G. *Fitzmaurice:* Some problems regarding the formal sources of International Law, in: Symbolae Verzijl, 1958, S. 153 f.

Jenks spricht in diesem Zusammenhang von dem Saatbeet des Rechtes und kommt zu dem Ergebnis, daß die Interdependenz die Souveränität von diesem Platz verdrängt habe[19].

Eine derartig alternative Entscheidung wird aber kaum möglich sein. Auf der einen Seite besteht an dem gemeinsamen Ziel ein regelmäßig erhebliches Eigeninteresse[20], auf der anderen Seite ist es gerade die *Wechselwirkung* zwischen den beiden Polen Souveränität und Solidarität, d. h., der Wunsch, die gemeinsamen Interessen nur unter möglichst weitgehender Wahrung von Sonderinteressen und der eigenen Bewegungsfreiheit zu verfolgen, die zu den einzelnen spezifischen Ausprägungen internationaler Normierungsverfahren geführt hat.

So schreibt Krüger[21], es handele sich darum, Souveränität und Institution in der richtigen Verteilung von Schatten und Licht zu sehen. Da sich die Eignung eines jeden Rechtes danach bestimme, ob und inwieweit es dem Gegenstand entspricht, den es in Ordnung bringen und halten soll, komme es darauf an, ob Souveränität oder Institution stärker der Eigenart des Verhältnisses von Form und Stoff im VR entgegenkommen. Im Grunde genommen sei aber weder die Souveränität noch die Institution der gegenwärtigen Weltlage angemessen. Die weitere Arbeit hätte daher vor allem auch die Möglichkeit „dritter" Lösungen zu prüfen[22].

II. Die Entwicklung von den Art. 21, 22 SWHO gleichen oder ähnlichen Verfahren

1. Für den Erlaß oder die Änderung vom Vertragstext oft gesonderter technischer Vorschriften

Bereits im Jahre 1851 kam es zur Ausgestaltung eines, wie Tammes[23] es nennt, „differenzierten Systems internationaler Gesetzgebung".

Art. LXXV des *revidierten*[24] *deutsch-österreichischen Postvertrages* vom 5. Dez. 1851[25] regelt Stellung und Aufgaben der zeitweise zusam-

---

[19] *Jenks*, a.a.O.: „Interdependence for peace, justice and freedom, interdepedence for prosperity and technological progress, interdependence in coexistence and for defence, have superseded the sovereignty of Staates as the seedbed of the law."
[20] Wolfgang *Friedmann* erklärt a.a.O., das kooperative VR verlange Interessengemeinschaft, jedoch bleibe das Eigeninteresse weiter Angelpunkt der internationalen Beziehungen.
[21] Herbert *Krüger*: Souveränität und Staatengemeinschaft, in BdtGVR, Heft 1, 1957, S. 5 f.
[22] a.a.O., S. 26.
[23] A. J. P. *Tammes*: Decisions of International Organs as a Source of International Law, RC, Bd. 94, (1958 II), S. 278.
[24] Der zwischen Österreich und Preußen am 6. April 1850 abgeschlossene

mentretenden, sich aus Bevollmächtigten der Postverwaltungen der einzelnen Mitglieder zusammensetzenden deutschen Postkonferenz. Nach einer Aufzählung von sieben Sachgebieten, die die Konferenz nur durch einstimmigen Beschluß unter Vorbehalt späterer Ratifikation zu regeln imstande ist, heißt es: „In allen weniger wichtigen Fällen ist die höhere Ratifikation nicht erforderlich, wenn drei Vierteile der Stimmen sich für den Antrag ausgesprochen haben. Gegenstände reglamentarischer Natur bedürfen zum Zwecke ihrer Annahme und Ausführung lediglich der absoluten Stimmenmehrheit."

Diese Regelung trägt nun insofern einen Sondercharakter, als sie auf das Gebiet des deutschen Bundes beschränkt war und auf Grund ihrer regionalen Ausrichtung Bindungen enthielt, die die Vertragsstaaten im Rahmen eines allgemeinen Abkommens wohl nicht eingegangen wären. Denn bei vielseitigen Verträgen, denen ein großer Kreis von Staaten angehören soll, achten diese mit besonderer Genauigkeit auf eine möglichst weitgehende Wahrung ihrer einzelstaatlichen Unabhängigkeit, auch wenn der gemeinsam angestrebte Vertragszweck eine gewisse Beschränkung der eigenen Freiheit erfordert[26].

Der internationale Postkongreß, der in Bern vom 15. Sept. bis 9. Okt. 1874 die Satzung zu einem allgemeinen Postverein festlegte, benützte zwar als Diskussionsgrundlage einen Entwurf des ersten Generalpostmeisters des Deutschen Reiches, Heinrich v. Stephan, der darin seine persönlichen Erfahrungen mit dem deutsch-österreichischen Postverein verwertete[27], doch blieb die Regelung von Art. 14 Abs. 1 des *Weltpostvereins* vom 1. Juni 1878[28] weit hinter diesem zurück.

Im Rahmen des Weltpostvereins heißt es lediglich, daß die Postverwaltungen der einzelnen Mitgliedstaaten zuständig sind, durch gemeinsamen Willensakt (d'un commun accord, by common consent) die notwendigen

---

Vertrag zur Gründung des deutsch-österreichischen Postvereins ist von der deutschen Postkonferenz in Berlin revidiert und vervollständigt worden.

[25] L. *Neumann:* Recueil des traités et conventions conclus par l'Autriche, Bd. 5, S. 474 ff., (S. 496 f.).

[26] Zur Diskussion über die endgültige Fassung der Art. 21, 22 SWHO heißt es im zusammenfassenden Bericht über die Sitzungen der internationalen Gesundheitskonferenz in New York vom 19. Juni bis 22. Juli 1946 (Off. Rec. Nr. 2, S. 16 ff.), auf der die Satzung der Organisation im Text festgelegt wurde, a.a.O., S. 20, der ukrainische Delegierte habe gegen das für Art. 22 in Aussicht genommene Prinzip heftigen Widerstand geleistet, da dieses eine Verletzung der Souveränität darstelle (an infringement on sovereignty), und auch Belgien habe wegen der Möglichkeit, daß ein Staat durch ein Versehen (through oversight) seiner Regierung gebunden werde, Einspruch erhoben.

[27] *Tammes,* a.a.O., S. 279 und die dort zit. Documents du Congres Postal International réuni à Berne du 15 Sept. au 9 Okt. 1874, S. 3 ff.

[28] *De Martens,* NRG, 2. Ser., Bd. IV, S. 699 ff.; jetzt Art. 24 der Universal Postal Convention v. 3. Okt. 1957, Amos J. *Peaslee:* International Governmental Organisations, 2. Aufl., 1961, Bd. II, S. 1821 ff.

Ausführungsvorschriften zu erlassen. Die Möglichkeit eines Mehrheitsentscheids ist gegenüber dem deutsch-österreichischen Postvertrag weggefallen. Über eine Ratifikation ist nichts gesagt. E. Jasper[29] stellt dazu
fest: Eine Ratifikation sei hier nicht notwendig. Es handele sich um Aus-
führungsbestimmungen, die bereits von der Ratifikation des Grundvertrages mitumfaßt seien und den Postverwaltungen hätten zur näheren
Bestimmung überlassen werden sollen[30].

Art. 13 des *Internationalen Fernmeldeabkommens*, abgeschlossen in
Paris am 17. Mai 1865[31], spricht von einem, dem Vertrag angefügten Règlement, dessen Bestimmungen im Wege einer gemeinsamen Willensübereinkunft der Verwaltungen der einzelnen Vertragsstaaten geändert
werden können. Wird aber auf den nach Art. 15 hierzu periodisch zusammentretenden Konferenzen eine Änderung vorgenommen, so wird diese
nach Art. 16 erst wirksam, nachdem die Zustimmung aller Staaten eingegangen ist.

Auch Art. 14 des *Internationalen Fernmeldevertrages* (International
Telecommunication Convention) vom 21. Dezember 1959[32] verlangt die
Annahme der von den Verwaltungskonferenzen vorgenommenen Ände-
rungen der „administrative regulations".

Das am 13. Okt. 1919 in Paris unterzeichnete *Luftfahrtabkommen*[33]
berechtigt dagegen in Art. 34 die Internationale Luftfahrtkommission
(Commission Internationale de Navigation Aérienne, CINA) zur Änderung technischer Annexe des Abkommens. Die Änderung muß mit $3/4$
aller möglichen Stimmen beschlossen werden und wird mit ihrer Bekanntmachung an die Mitgliedstaaten verbindlich.

---

[29] E. J. E. M. H. *Jasper:* La Compétence Législative et Réglementaire des
Organes collectifs en Droit des Gens, 1936, S. 68.

[30] So heißt es im Rahmen der Unterzeichnung des Kairoer *Abkommens
über Postanweisungen* vom 20. März 1934 (LNTS, Nr. 4051, Bd. 175, S. 276):
Die Unterzeichneten, Bevollmächtigte der Regierungen der unten aufgeführten Länder, haben gemäß Art. 3 der Convention Postale Universelle, abgeschlossen in Kairo am 20. März 1934, im Wege gemeinsamer Willensübereinkunft und unter Vorbehalt der Ratifikation folgende Regelung beschlossen.
Bei der Unterzeichnung der *dazugehörigen Ausführungsvorschriften* heißt
es dagegen nur (LNTS, Nr. 4051, Bd. 175, S. 302): Die Unterzeichneten haben
gemäß Art. 4 der C.P.U., abgeschlossen in Kairo am 20. März 1934, im Namen
ihrer entsprechenden Verwaltungen im Wege gemeinsamer Willensübereinkunft die folgenden Maßnahmen beschlossen, um die Ausführung des Abkommens über Postanweisungen zu sichern (Art. 4 der Fassung von 1878).

[31] Im Wortlaut der ersten Änderung, Petersburg, 22. Juli 1875, *De Martens*,
NRG, 2. Serie, Bd. III, S. 614 ff.

[32] Amos J. *Peaslee:* Int. Gov. Org., Bd. II, S. 1400, (S. 1414).

[33] LNTS Nr. 297, Bd. 11, S. 174 ff.

Art. 90 des *Internationalen Zivilluftfahrtabkommens*, unterzeichnet in Chicago am 7. Dez. 1944[34], bestimmt, daß der Rat der Organisation mit ²/₃ Mehrheit als Annexe zum Abkommen internationale Standards und empfohlene Praktiken festlegen und ändern kann, um durch solche Vereinheitlichung die Sicherheit im internationalen Flugverkehr zu erhöhen. Die Beschlußgewalt des Rates der Internationalen Organisation für Zivilluftfahrt (International Civil Aviation Organization, ICAO) ist aber gegenüber der CINA stark eingeschränkt. R. H. Mankiewicz führt dies auf den wesentlich breiteren Kreis von Mitgliedstaaten bei der ICAO zurück, der der größte Teil der Staaten diesseits des Eisernen Vorhangs angehören[35].

Die vom Rat beschlossenen technischen Annexe werden drei Monate nach ihrer Mitteilung an die Mitgliedstaaten wirksam, wenn nicht in der Zwischenzeit die Mehrheit der Vertragsstaaten der Organisation ihre Mißbilligung (disapproval with the Council) erklärt. Durch Ausübung dieses im Gegensatz zum Pariser Luftfahrtabkommen vereinbarten qualifizierten Veto-Rechtes fällt der Beschluß als Ganzes und bleibt damit nicht etwa noch für die Staaten bestehen, die sich nicht erklärt haben.

Auch die durch den Beschluß gesetzte Bindung ist nach Art. 38 eine derart abgeschwächte, daß Staaten, die seine Befolgung für undurchführbar halten und daher von ihm abweichen wollen, der Organisation nur Art und Umfang ihrer Abweichung mitzuteilen haben.

Im Rahmen der *Weltorganisation für Meteorologie* (WMO) hat der Kongreß nach Art. 7 der am 11. Okt. 1947 in Washington unterzeichneten Satzung[36] die Aufgabe, technische Vorschriften über meteorologische Praktiken und Verfahren zu erlassen. Nach Art. 8 sind zwar alle Mitglieder verpflichtet, ihr möglichstes zu tun, um die Beschlüsse des Kongresses zu erfüllen. Für den Fall aber, daß ein Mitgliedstaat einige Forderungen einer technischen Resolution für undurchführbar hält, hat er den Generalsekretär unter Angabe von Gründen zu benachrichtigen, ob sein Unvermögen, sie zu verwirklichen, vorübergehend oder dauernd ist.

Nach Art. 5 Abs. 1 des *Abkommens zur Regelung des Walfanges*[37], unterzeichnet in Washington am 2. Dez. 1946, kann die „Kommission" das Abkommen durch den Erlaß von Vorschriften zur Erhaltung und Ausnützung der Walfanggebiete ergänzen. Die Ergänzungen werden nach Art. 5 Abs. 3 für alle Staaten wirksam, die innerhalb einer bestimmten Frist keine Einwendungen (objections) vorgebracht haben.

---

[34] UNTS II 102, Bd. 15, S. 296 ff.
[35] R. H. *Mankiewicz*: L'Adoption des annexes à la convention de Chicago par le Conseil de l'Organisation de l'Aviation Civile Internationale, in Beiträge zum internationalen Luftrecht, Festschrift f. Alex Meyer, 1954, S. 82, 94.
[36] UNTS I 998, Bd. 77, S. 143.
[37] Manley O. *Hudson*: Int. Leg., Bd. IX, 1950, Nr. 632 b, S. 117 ff., (S. 119).

Im Rahmen des *Abkommens über den Warenverkehr durch Eisenbahn* (CIM), zur Unterschrift aufgelegt in Rom am 23. Nov. 1933[38], ist auf Grund von Art. 60 § 3 eine Kommission gebildet worden, die die technischen Bestimmungen des Annex 1 des Abkommens dauernd auf dem neuesten Stand halten soll. Die Entscheidungen dieser Kommission werden sofort den Mitgliedstaaten zugeleitet und gelten als angenommen, wenn nicht innerhalb bestimmter Frist wenigstens zwei Vertragsstaaten Einwendungen gegen sie vorgebracht haben.

Dem Art. 60 § 3 CIM von 1933 entspricht in erweiterter Form Art. 67 § 3 des CIM vom 25. 10. 1952[39] und Art. 66 § 3 des *Abkommens über den Personen- und Gepäckverkehr auf der Eisenbahn* (CIV), ebenfalls vom 25. 10. 1952[40].

Auch bezüglich der Arbeitsabkommen der *Internationalen Arbeits-Organisation* (ILO) hatte ursprünglich ein ähnliches Verfahren zur Diskussion gestanden[41]. Nach dem Entwurf der britischen Delegation[42] sollten die mit ²/₃ Mehrheit von der Konferenz angenommenen Abkommen, unterschrieben vom Präsidenten der Versammlung und dem Direktor der Organisation, bei dem Kanzler des Völkerbundes hinterlegt werden; jeder Mitgliedstaat der Organisation hätte dann die Pflicht gehabt, die Ratifikation des Abkommens innerhalb eines Jahres dem Direktor zugehen zu lassen und dieses sogleich zu verwirklichen, wenn es nicht von seiner gesetzgebenden Versammlung abgelehnt würde.

Die aufgeführten Vertragsklauseln behandeln den Erlaß und die Änderung allgemeiner[43], eine Vielzahl von Fällen regelnder technischer Vorschriften, die entweder selbständig neben der Satzung stehen (Art. 21, 22 SWHO und der britische Entwurf zum Statut der ILO) oder ihr als Annex angefügt (z. B. Art. 90 Chicagoer Zivilluftfahrtabk., Art. 7 SWMO, Art. 5 Abs. 1 Walfangabkommen, Art. 60 § 3 CIM v. 1933) oder selbst in den eigentlichen Vertragstext aufgenommen sind (Art. 67 § 3 CIM v. 1952, Art. 66 § 3 CIV).

---

[38] *Hudson:* Int. Leg., Bd. VI, 1937, Nr. 353, S. 527 ff., (S. 560).

[39] UNTS I 3442, Bd. 241, S. 356 ff., (S. 468).

[40] UNTS I 3442, Bd. 242, S. 354 ff., (S. 422, 424).

[41] Cromwell A. *Riches:* Majority Rule, S. 112. Günther *Schulz:* Entwicklungsformen internationaler Gesetzgebung, 1960, S. 55.

[42] Abgedruckt in James T. *Shotwell:* Origins of the International Labour Organization, Bd. 1, 1934, S. 392, 394, jeweils Spalte 2.

[43] Nicht hierher gehören damit solche bindenden Entscheidungen internationaler Organisationen, die nur zur Regelung eines bestimmten Einzelfalles getroffen werden. So Art. XIII H Ziff. 22 des internationalen *Weizenabkommens* vom 23. März 1949 (UNTS I 2746, Bd. 203, S. 180 ff.), Art. 36 (5) des internat. *Zuckerabkommens* vom 1. Okt. 1953 (UNTS I 3677, Bd. 258, S. 154 ff.) und ähnliche Bestimmungen. Einzelentscheidungen sind auch die Beschlüsse des *Sicherheitsrates* der UNO nach Art. 39, 41, 42 der Charta.

2. Für Vertragsänderungen im allgemeinen

Daneben gibt es ähnliche Bestimmungen auch für Satzungsänderungen und Ergänzungen (modifications, amendments) schlechthin, wobei sich aber die Änderung allgemeiner Vorschriften gegenüber einer solchen technischer Regelungen oft kaum abgrenzen läßt.

Art. 61 des *Internationalen Sanitätsabkommens für die Luftfahrt* vom 12. April 1933[44] bestimmt, daß die Vertragsänderungen (modifications) enthaltenden Protokolle vom Internationalen Gesundheitsamt in Paris der Regierung der Niederlande und von dieser den Vertragsstaaten zugesandt werden. Der Beitritt eines Vertragsstaates tritt dann entweder durch seine ausdrückliche Annahme ein oder auf Grund der Tatsache, daß er innerhalb von 12 Monaten keine Einwendungen erhoben hat. Art. 61 spricht anschließend von *ausdrücklichen* oder *stillschweigenden Beitritten* (expressed or tacit accessions).

Nach Art. 52 der *Zwischenstaatlichen Beratenden Maritimen Organisation* vom 6. März 1948[45] treten die mit ²/₃ Mehrheit von der Versammlung angenommenen Satzungsänderungen (amendments) für alle Mitglieder in Kraft, die nicht innerhalb von 12 Monaten nach dem Annahmebeschluß erklären, daß sie die Änderung nicht annehmen.

Nach Art. XVI Abs. 1 u. 2 des *Internationalen Abkommens zur Verhinderung der Verschmutzung des Meeres durch Öl* vom 12. Mai 1954[46] übersendet das Büro allen Vertragsstaaten den Text einer vorgeschlagenen Änderung (amendment), wenn dies von einem der Mitgliedstaaten beantragt wird. Die Änderung tritt dann 6 Monate nach solcher Mitteilung in Kraft, wenn nicht ein einziger Staat mindestens zwei Monate vor Ablauf der Frist erklärt, er nehme sie nicht an. Eine gemäß Abs. 3 mit ²/₃ Mehrheit von der Konferenz beschlossene Änderung wird den Vertragsstaaten zur Annahme zugeleitet und tritt nach 12 Monaten für alle in Kraft, außer für die, die vor Ablauf der Frist erklären, daß sie sie nicht annehmen.

Nach Art. 23 Abs. 1 des *Abkommens* vom 4. Juni 1954 *über die Zollerleichterungen im Touristenverkehr*[47] kann jeder Vertragsstaat eine oder mehrere Änderungen des Abkommens vorschlagen. Der Text jedes Änderungsvorschlages ist dem Generalsekretär der Vereinten Nationen zu übermitteln, der ihn an alle Vertragsstaaten weiterleiten wird. Jeder so übermittelte Änderungsvorschlag gilt nach Art. 23 Abs. 2 als ange-

---

[44] LNTS Nr. 3706, Bd. CLXI, S. 66 ff., (S. 99).
[45] UNTS I 4214, Bd. 289, S. 48 ff., (S. 72).
[46] UNTS I 4714, Bd. 32, S. 4 ff., (S. 16).
[47] UNTS I 3992, Bd. 276, S. 230 ff., (S. 244 f.); BGBl. 1956 II, S. 1886 ff., (S. 1899).

nommen, wenn kein Vertragsstaat innerhalb von sechs Monaten nach
Übermittlung des Änderungsvorschlages durch den Generalsekretär Einwendungen erhebt.

Mit dieser Vorschrift im Wortlaut identisch ist Art. 42 des *Zollabkom-
mens* vom 4. Juni 1954 *über die vorübergehende Einfuhr privater Stra-
ßenfahrzeuge*[48].

Nach Art. 16 des *Europäischen Abkommens über Straßenmarkierungen*
vom 17. Dez. 1957[49] gelten die auf Antrag eines Mitgliedstaates vom Generalsekretär der UNO an die Vertragsstaaten übersandten Abände-
rungsvorschläge als angenommen, wenn nicht ein einziger innerhalb
bestimmter Zeit eine Einwendung erklärt. Im Falle einer solchen einzigen Einwendung hat die Änderung (amendment) keinerlei Wirksamkeit.

Ein etwas anderes Verfahren ist zur Änderung der *UNO-Charta*[50] in
deren Art. 108 niedergelegt. Hiernach treten Satzungsänderungen
(amendments) in Kraft, wenn sie in der Vollversammlung von $2/3$ der
Mitglieder einschließlich der ständigen Mitglieder des Sicherheitsrates
angenommen und von einer ebensolchen Mehrheit ratifiziert worden sind.
Die Gültigkeit erstreckt sich auf alle Mitglieder der Organisation, auch
auf solche, die sich nicht erklärt oder sogar gegen den Beschluß gestimmt
haben.

Eine besondere Rechtslage bezüglich Satzungsänderungen hat sich auch
im Rahmen des *Weltpostvereins* ergeben.

Art. 25 des Weltpostvertrages in der Fassung vom 3. Okt. 1957[51] verlangt zwar ausdrücklich die Ratifikation der von einem der periodisch
zusammentretenden Kongresse des Weltpostvereins beschlossenen neuen
Verträge und spricht für den Fall, daß diese von einigen Staaten unterlassen wird, nur davon, daß die übrigen, die bereits ratifiziert haben,
trotzdem gebunden sind. Da jede Änderung aber den Tag ihres Inkrafttretens selbst festlegt und da nach Art. 25 Abs. 3 an diesem Tag alle
früheren Verträge aufgehoben werden, sind die neuen Bestimmungen
auch von denjenigen Staaten ohne Einschränkung und Vorbehalt tatsächlich angewendet worden, die sie noch nicht ratifiziert hatten.

Entgegen der Ansicht von Scheuffler[52], der eine Bindungswirkung ohne
Ratifikation aus dem Wortlaut der Satzung und „dem Gesamtgefüge der

---

[48] UNTS I 4101, Bd. 282, S. 249 ff. (S. 278 f.); BGBl. 1956 II, S. 1948 ff.,
(S. 1969).

[49] UNTS I 5296, Bd. 372, S. 160 ff., (S. 168).

[50] Yearbook of the United Nations, 1946—47, S. 831 ff., (S. 842).

[51] *Amos J. Peaslee:* Int. Gov. Org., Bd. II, S. 1821 ff.

[52] *Scheuffler* (Frankfurt a. M.): Die Ratifikation im Weltpostverein, ZfVR,
Bd. 24, (1940), S. 66 f.

Organisation" entnehmen will, wird man hier jedoch von einer gewohn-
heitsrechtlichen Entwicklung sprechen können, die in Fortentwicklung
der Satzung auch die nichtratifizierenden Staaten gebunden sein läßt[53]
und die Ratifikation selbst zu rein deklatorischer Natur herabstuft.

Ein ähnlicher Versuch, eine Vertragsänderung zu einem festgesetzten
Termin für alle Mitgliedstaaten des Grundvertrages in Kraft treten zu
lassen, wenn nur diejenigen Staaten, von deren Seite bis dahin eine Ratifikation der Änderung noch nicht eingegangen ist, zu diesem Zeitpunkt
auch keine Einwände gegen das Inkrafttreten erhoben haben, ist im Rahmen des *Statuts des StIGH* gemacht worden[54].

Durch die diesbezügliche Bestimmung des § 4 des Revisionsprotokolls
vom 14. 9. 1929[55] sollte erreicht werden, daß die dem Protokoll beigefüg-
ten Änderungen des Statuts bereits bei der Neuwahl der Richter im
September 1930 angewendet werden konnten[54].

Auf Grund der geringen Zahl der zu dem Revisionsprotokoll geleiste-
ten Unterschriften wurden die einzelnen Staaten mit Brief des General-
sekretärs des Völkerbundes v. 4. 6. 1930 um Darlegung ihrer Stand-
punkte gebeten, worauf sich am 9. 9. 1930 für den Völkerbundsrat
folgendes Bild ergab[56]: Von 45 Unterzeichnerstaaten des Protokolls vom
16. 12. 1920 hatten 32 das Revisionsprotokoll ratifiziert; 8 — so auch die
USA — hatten erklärt, daß sie gegen das Inkrafttreten keinen Einspruch
einlegen wollten; Brasilien und Uruguay hatten die Zustimmung aus
Gründen ihrer innerstaatlichen Verfassung verweigert, da es an der
Ermächtigung ihrer Parlamente fehle; eine präzise Formulierung seiner
ablehnenden Haltung hatte Kuba übersandt, weshalb dieser Brief vom
Generalsekretär an die Mitglieder des Völkerbundes verteilt wurde;
Äthiopien und Frankreich hatten überhaupt keinen Standpunkt erklärt[57].

---

[53] So Horst *Sasse:* Der Weltpostverein, Dokumente, Bd. 31, 1959, S. 16, mit
Hinweis auf Alfred *Kiderlen:* Die Funktion des Weltpostvereins im zwischenstaatlichen Postverkehr, Diss. 1946, S. 49 ff.

[54] Alexander P. *Fachiri:* The International Court: American Participation;
Statute Revision, BYIL, Bd. XI, (1930), S. 97 ff.; Manley O. *Hudson:* La Cour
permanente de Justice Internationale, Paris, 1936, S. 238 f.; Emile *Giraud:*
Le Droit international public et la politique, RC, Bd. 110, (1963 III), S. 628.

[55] „Le présent Protocole entrera en vigueur le 1er septembre 1930, à condition que le Conseil de la Société des Nations et les Etats mentionnés dans
l'annexe au Pacte, qui auront ratifié le Protocole du 16 décembre 1920, mais
dont la ratification sur le présent Protocole n'aurait pas encore été reçue à
cette date, ne font pas d'objection à l'entrée en viguer des amendements au
Statut de la Cour qui sont indiqués dans l'annexe au présent Protocole."
(*Hudson,* a.a.O., S. 238 mit Hinweis auf: Procès verbaux de la Conférence de
1929, S. 51; engl.: *Fachiri,* a.a.O., S. 98).

[56] Journal officiel de la Société des Nations, 1930, S. 1313.

[57] a.a.O. und *Hudson,* a.a.O., S. 239.

Der Völkerbundsrat stellte daraufhin fest, daß die Voraussetzungen des § 4 des Protokolls nicht erfüllt seien[57]. Über die Rechtsgültigkeit dieser Bestimmung wurde nicht entschieden.

III. Die Differenziertheit der einzelnen Verfahren als Abbild jeweils besonderer Interessenlagen und als Merkmal des konkreten Charakters des Völkerrechts

Die oben aufgeführten, aus vereinzelten Verträgen zusammengetragenen Verfahren sind sich insofern ähnlich, als sie alle für bestimmte Regelungen das Erfordernis staatlicher Ratifikation umgehen wollen. Die nach ihnen entstehenden neuen Normen weisen aber *im Einzelfall durchaus verschiedenen Rechtscharakter* auf. Was die durch Beschluß erlassenen technischen Vorschriften angeht, so sind etwa die von der internationalen Zivilluftfahrtorganisation erlassenen Annexe nach Art. 38 des Chicagoer Zivilluftfahrtabk. v. 1944 in ihrer Bindungswirkung derart abgeschwächt, daß sie Empfehlungen nahekommen, die — um bei dem Bild der „Rechtsquelle" zu bleiben — noch nicht an die Oberfläche des Rechtes herausgetreten sind[58]. Die von der CINA beschlossenen Änderungen dagegen waren durch den Beschluß verbindlich geworden. Im Rahmen des Art. 22 SWHO ist die Verbindlichkeit auf den Fall des Fehlens einer staatlichen Gegenerklärung beschränkt.

Die auf das Gemeinschaftsinteresse gegründete Forderung nach einer einheitlichen allgemeinen Regelung ist in jedem der einzelnen Sachgebiete verschieden stark. Das Sonderinteresse der Staaten läßt innerhalb einer begrenzten, kleineren Staatengruppe größere Einschränkungen der eigenen Freiheit zu[59], als auf allgemeiner oder universeller Ebene. Es ergibt sich somit bei jeder einzelnen Materie und jeder einzelnen Organisation eine besondere Interessenlage, die nach einer der vielen Lösungsmöglichkeiten verlangt[60].

---

[58] A. J. P. *Tammes*: Decisions of International Organs as a source of International Law, RC, Bd. 94, (1958 II), S. 288.

[59] Vgl. Max *Huber*: Beiträge zur Kenntnis der soziologischen Grundlagen des Völkerrechts und der Staatengesellschaft, Jahrbuch des öffentlichen Rechtes der Gegenwart, Tübingen 1910, S. 114: Je weniger differenziert zwei Staaten seien, desto eher seien sie bereit, sich einer gemeinsamen Ordnung unterzuordnen. Hier sei die Unabhängigkeit nicht Voraussetzung der Aufrechterhaltung eines besonderen Charakters.

[60] Vgl. Charles M. *Chaumont*: La signification du principe de spécialité des Organisations Internationales, Mélanges à Henri Rolin, 1964, S. 58: „Dans les relations entre les Etats membres, c'est la façon dont s'expriment les exigences de l'intérêt commun et les moyens de les satisfaire qui peut varier selon les organisations, en ce sens que dans chacune d'elles se trouvent à la fois la mesure et la limite de ce que les Etats ont voulu réaliser ensemble."

Daher dürfte es auch nicht angebracht sein, das Verfahren des Art. 22 SWHO zu verallgemeinern und — wie Baker dies empfohlen hat[61] — eine solche Klausel zur festen Regel werden zu lassen, wo immer eine Versammlung staatlicher Delegierter einen Vertragsentwurf ausarbeitet.

Das VR muß vielmehr versuchen, den sich immer wieder in besonderer, einmaliger Konstellation darstellenden Konflikt zwischen Gemeinschaft und Einzelstaat auf den gerade passenden, nicht verabsolutierbaren Kompromiß zurückzuführen. Nur durch solche pragmatischen Einzellösungen kann es der tatsächlichen Situation, die es zu ordnen hat, gerecht werden, nicht aber dadurch, daß es — wie es sich Sauer[62] als „politisch besser" wünscht — durch die Einführung neuer übergeordneter Werte die in kein Schema passende Vielfalt der bestehenden Interessenkollisionen aufhebt, um so die alle Unterschiede nivellierende Lösung „Weltstaat" einführen zu können[63].

Schon der Völkerbund sollte sich nach Art. 24 seiner Satzung zum Dachverband aller bereits errichteten und in Zukunft noch entstehenden internationalen Verwaltungsstellen entwickeln, um so nicht nur eine internationale Rechtsgemeinschaft, sondern eine eigene Arbeitsgemeinschaft unter den Nationen zu organisieren[64]. Dieser Versuch einer Zentralisierung scheiterte aber am Widerspruch der den einzelnen Unionen angehörenden Mitglieder.

Die UNO erkennt die Selbständigkeit ihrer Sonderorganisationen grundsätzlich an[65]. Hartwig Bülck[66] spricht davon, daß der Föderalismus der Gegenwart—Föderalismus verstanden als das wechselseitige System

---

[61] Philip J. *Noel-Baker:* The Codification of International Law, BYIL 5, (1924), S. 63.

[62] Ernst *Sauer:* Souveränität und Solidarität, 1954, S. 93: „Alle Versuche, eine Organisation der Welt aufzubauen, sind zum Scheitern verurteilt, wenn keine gemeinsamen Werte anerkannt werden. Eine auf Formelkompromissen aufgebaute Völkerrechtsgemeinschaft vermag eine theoretisch interessante und juristisch korrekte Problemlösung sein. Politisch besagt sie wenig, solange die durch die Formelkompromisse überdeckten wirklichen Gegensätze nicht ausgeglichen sind. Ein Ausgleich ist aber nur möglich, wenn sich die betroffenen Staaten, aus welchen Gründen immer, auf gemeinsame Werte unter Verzicht auf eigene Güter einigen."

[63] Zu dem konkreten Charakter des VRs und der mit diesem verbundenen Forderung nach einer „bunten Vielfalt der Verträge" vgl. insb. Friedrich *Berber:* Die Rechtsquellen des internationalen Wassernutzungsrechtes, 1955, S. 195 und ders.: Zur Problematik der Rechtsquellen im internationalen Wasserrecht, in: Beiträge zum Recht der Wasserwirtschaft und zum Energierecht, Festschrift für Gieseke, 1958, S. 127.

[64] Walther *Schücking* und Hans *Wehberg:* Die Satzung des Völkerbundes, 2. Aufl., 1924, S. 95 ff.

[65] Art. 57, 63, 64, 70 der Charta der Vereinten Nationen.

[66] Hartwig *Bülck:* Föderalismus als internationales Ordnungsprinzip, VVDStRL, Heft 21, 1964, S. 1 ff.

von Einheit und Vielheit in seiner jeweiligen historischen Verwirklichung[67] — durch die „funktionale Föderation" bestimmt wird[68], d. h. durch eine sich jeweils auf den einzelnen Sachgebieten bildende und nach sachlichen Gesichtspunkten ausgerichtete Organisation. Durch die vielfältigen zweiseitigen Regelungen[69] des Zusammenwirkens der Sonderorganisationen untereinander und mit der Hauptorganisation ist es dann unter dem Namen Koordinierung zu einer interfunktionalen Ordnung gekommen[70], die aber vermeidet[71], daß die einzelnen Befugnisse sich in irgendeinem Brennpunkt vereinen.

Für die verhältnismäßige Wahrung von Gemeinschafts- und Sonderinteresse in den einzelnen konkreten Fällen bietet sich somit eine nahezu beliebige Vielzahl von Variationsmöglichkeiten, je nachdem, ob es die Staaten selbst sind oder ein Gemeinschaftsorgan, das den Inhalt der Regelung festlegt, und ob zu dem Verbindlichwerden der von einer internationalen Institution bestimmten Regel eine positive Erklärung des Staates vorliegen, eine negative nur fehlen muß oder ob überhaupt jedes staatliche Verhalten irrelevant wird und schließlich, welchen Grad[72] die Verbindlichkeit erreicht.

---

[67] a.a.O., S. 142.

[68] a.a.O., S. 1.

[69] Karl *Zemanek:* Das Vertragsrecht der internationalen Organisationen, 1957. R. J. *Dupuy:* Le droit des Relations entre les Organisations Internationales, RC, Bd. 100, (1960 II), S. 461 ff.

[70] Hartwig *Bülck,* a.a.O., S. 37 f.

[71] C. Wilfred *Jenks:* Coordination, a new Problem of International Organization, RC, Bd. 77, (1950 II), S. 299.

[72] Vgl. das Institut der Empfehlung oder Art. 38 Chicagoer Zivilluftfahrtabk. v. 1944 und Art. 8 SWMO. Diese beiden Vorschriften bezeichnen beide den gleichen Grad einer verminderten Bindungswirkung internationaler Beschlüsse und sind insofern besonders interessant, als die erstere eine Abschwächung ehemals voll bindender Beschlußmacht (der CINA), letztere dagegen eine Fortentwicklung des Empfehlungsrechtes darstellt.

Drittes Kapitel

Die rechtliche Natur der Verbindlichkeit
von Beschlüssen nach Art. 21, 22 SWHO

A. Die Befugnis einer internationalen Organisation zur Festlegung des Inhalts allgemeiner Normierungen

Nach Art. 19 SWHO ist die WGVers. zwar befugt, mit $^2/_3$ Mehrheit den Inhalt von Gesundheitsabkommen festzulegen, doch bedürfen diese, um verbindlich zu werden, noch der staatlichen Ratifikation. Wie bei den Arbeitsabkommen der ILO fallen hier die inhaltliche Festlegung (durch die Organisation) und die Ratifikation (durch die Einzelstaaten) auseinander.

Bourquin[1] sieht den legislativen Vorgang beim Abschluß multilateraler Verträge allein in der inhaltlichen Festlegung der Norm, der objektiven und unpersönlichen Regel. Die Ratifizierung stelle nur eine Unterwerfung des Einzelstaates unter die Norm dar. Damit sei der von der Organisation angenommene „Entwurf" der Gesetzgebungsakt und die staatliche Ratifikation nur eine „acte-condition", d. h. die Voraussetzung dafür, daß das gesetzte Recht bestimmten Personen gegenüber angewendet werden kann[2].

Paul Reuter[3] spricht — auf die Notwendigkeit einer Ratifikation abstellend — von Abkommen (conventions), die aber in einem legislativen Verfahren ausgearbeitet würden (élaborées suivant une technique législative), und stellt fest, daß sich hierin die Tendenz zu einem internationalen Gesetzgebungsverfahren äußere.

Auch Triepel[4] nennt in Anlehnung an Binding[5] zwei Tatbestände, die in der Erklärung eines Rechtssatzes enthalten seien: erstens die Erklärung der Regel und zweitens die Erklärung des Willens der Rechtsquelle,

---

[1] Maurice *Bourquin:* Règles Générales du Droit International de la Paix, RC, Bd. 35, (1931 I), S. 57.

[2] *Bourquin,* a.a.O., S. 59.

[3] M. Paul *Reuter:* Organisations internationales et évolution du droit, in L'Evolution du Droit Public, Etudes Achille Mestre, 1956, S. 451 f.

[4] Heinrich *Triepel:* Völkerrecht und Landesrecht, 1899, S. 91.

[5] Karl *Binding:* Handbuch des Strafrechts I, S. 197 ff. (zit. in *Triepel,* a.a.O.).

daß die Regel Recht sein solle. Der Verbindlichkeit verleihende rechtsetzende Wille ist damit notwendiger Bestandteil eines jeden Gesetzgebungsaktes.

Für den innerstaatlichen Bereich hat Laband im Rahmen der Verfassung des Deutschen Reiches von 1871 streng getrennt zwischen der Festlegung des Gesetzesinhalts und dem Aussprechen des Gesetzesbefehls, durch den erst die Norm Rechtscharakter erhalte[6].

Zur Frage, wer diesen Gesetzesbefehl (Sanktion) erteile, führt Laband aus[7]: Da sich in der Sanktion der entscheidende und freie Wille äußere, ob etwas Gesetz werden solle, oder nicht, reiche es nicht aus, daß jemand die Sanktionsformel infolge des Willens eines anderen kraft rechtlicher Nötigung auf ein Gesetz schreiben müsse, auch wenn er dies nicht wolle. Nur derjenige setze die Sanktion, in dessen freier Entschließung es stehe, jenen Beschluß zu fassen oder nicht. Der Monarch setze die Sanktion damit nur, wenn ihm das sog. absolute Veto zustehe.

Diesen Überlegungen zufolge kann kein Zweifel daran bestehen, daß im Rahmen der ILO wie auch des Art. 19 SWHO die Sanktionsgewalt immer noch von den Staaten selbst ausgeübt wird. Diese Feststellung allein bringt aber für den Bereich des VRs noch keine abschließendbefriedigende Antwort.

Auch wenn der Monarch den Gesetzesbefehl selbständig setzt und ihm dadurch der „Kernpunkt des ganzen Gesetzgebungsvorgangs" vorbehalten bleibt, so ist er doch in seiner Entscheidungsfreiheit nach dem Grundsatz der Gewaltenteilung insofern eingeschränkt, als er nur Beschlüsse des Parlaments sanktionieren kann[8].

---

[6] Paul *Laband:* Das Staatsrecht des Dt. Reiches, Bd. II, 1911, 6. Kap.: Die Gesetzgebung des Reiches, S. 4: „Nicht als ob die Schaffung oder Formulierung des Gesetzesinhalts nicht auch eine staatliche Angelegenheit, ja eine besonders wichtige Aufgabe des Staates wäre; auch die Findung der zu sanktionierenden Rechtsregel ist ein Teil der Gesetzgebungsarbeit; allein das spezifische Wirken der Staats*gewalt,* das *Herrschen* kommt nicht in der Herstellung des Gesetzesinhalts, sondern nur in der *Sanktion* des Gesetzes zur Geltung, in der Ausstattung des Rechtssatzes mit verbindlicher Kraft, mit äußerer Autorität."
a.a.O., S. 29: „In der Sanktion der Gesetze kommt der staatliche Herrschaftswille unmittelbar zum Ausdrucke. Die Sanktion ist der Kernpunkt des ganzen Gesetzgebungsvorganges; alles, was vorher auf dem Wege der Gesetzgebung geschieht, ist nur Vorbereitung derselben, Erfüllung von erforderlichen Vorbedingungen; alles, was nachher geschieht, ist notwendige Rechtsfolge der Sanktion, unabwendbar durch dieselbe bereits verursacht."

[7] a.a.O., S. 30.

[8] So erblickte man im Staatsrecht der konstitutionellen Monarchie „das Wesen des Gesetzes in der Übereinstimmung des Landtages und der Krone . . ., nicht in einer einheitlichen Willenserklärung der einen und unteilbaren Staatsgewalt, für welche jene Übereinstimmung nur eine verfassungsmäßig erforderte Vorbedingung ist." (zit. in *Laband,* a.a.O., S. 21, 22).

Als eine Verteilung der einzelnen „Stufen", die bei der Bildung eines einheitlichen staatlichen Rechtsetzungswillens beschritten werden, auf verschiedene Gewaltenorgane und nicht etwa als eine inhaltliche Verkürzung des gesetzgebenden Vorganges als solchen ist es auch anzusehen, wenn Fleischmann[9] nur die Feststellung des Gesetzesinhaltes als Funktion der gesetzgebenden Gewalt bezeichnet, die Erteilung des Gesetzesbefehles dagegen als Aufgabe der vollziehenden Gewalt.

Was sich hier als Verteilung der einen einheitlichen Staatsgewalt darstellt, müßte im zwischenstaatlichen Bereich zu der Frage führen, ob dort nicht ein Teil der im Abschluß völkerrechtlicher Verträge zum Ausdruck kommenden „äußeren Gewalt" von einer neuen Institution ausgeübt oder sogar auf diese übergegangen sei.

Im Rahmen der ILO und des Art. 19 SWHO stellt sich dieses Problem jedoch noch nicht. Die endgültige Ausarbeitung des Vertragstextes durch eine internationale Organisation kann nicht gleichgesetzt werden mit der Verabschiedung eines Gesetzes durch ein innerstaatliches Parlament. Während dort die Mitwirkung des Parlamentes notwendig ist, schließt die Nichtratifizierung eines „Entwurfes" nicht den Abschluß eines anderen völkerrechtlichen Vertrages aus. Die Tätigkeit der Organisation ist nicht Vorbedingung[10] einer völkerrechtlichen Regelung, auch wenn die faktische Möglichkeit, eine andere Vereinbarung auf breiter Ebene zu treffen, gering sein wird, da sich viele Staaten für die Fassung der Organisation entscheiden werden.

So hat auch der StIGH in seinem Gutachten über die Zuständigkeit der ILO zur Mitregelung auch der persönlichen Arbeit des Arbeitgebers betont[11], daß die Organisation keine gesetzgeberische Gewalt habe. Jedem Mitgliedstaat stehe es frei, den Entwurf der Organisation als innerstaatliches Recht oder völkerrechtliches Abkommen anzunehmen oder abzulehnen. Der Vertrag verpflichte die Mitglieder nur, den Entwurf der

---

[9] *Fleischmann:* Der Weg der Gesetzgebung in Preußen (Abh. aus d. Staats- und Verw.Recht, hrsg. v. Siegfried Brie, Heft 1), Breslau 1898, S. 57 ff. (zit. in Schade, a.a.O., S. 81).

[10] Fälle notwendiger Mitwirkung internationaler Organe zur Änderung bestehender Verträge sind dagegen verankert in Art. 16 des Abkommens vom 12. IX. 1923 über die Unterdrückung unzüchtiger Veröffentlichungen (wonach der Völkerbundrat darüber entscheiden kann, ob er auf Antrag der Parteien eine Revisionskonferenz einberufen will) und in Art. 16 Völkermordabkommen (Entscheidung der UN-Vollversammlung über Antrag der Mitglieder auf Vertragsänderung). Vgl. hierzu Giorgio *Balladore Pallieri:* La Formation des Traités dans la Pratique internationale contemporaine, RC, Bd. 74, (1949 I), S. 520: „Les Etats ne sont plus libres de conclure les traités selon leur intérêts particuliers mais doivent solliciter l'approbation d'un organ international chargé de sauvegarder les intérêts les plus généraux de la communauté internationale."

[11] P.C.I.J. Ser. B, Nr. 13, (1926), S. 17.

Organisation den innerstaatlich zuständigen Stellen vorzulegen; im übrigen sei in Art. 405 § 8 Versailler Vertrag ausdrücklich bestimmt, daß ohne deren Tätigwerden „no further obligation shall rest upon the Member".

B. Die eine positive staatliche Zustimmungserklärung nicht mehr erfordernden Beschlüsse nach Art. 21, 22 SWHO

I. Die Schwierigkeit einer Definition des neuen Verfahrens durch Rechtsbegriffe, die dem genossenschaftlich organisierten Völkerrecht entstammen

Dadurch, daß — anders als im Rahmen von Art. 19 SWHO und bei den Arbeitsabkommen der ILO — die durch Beschluß der WGVers. nach Art. 21, 22 SWHO oder auf Grund ähnlicher Bestimmungen erlassenen Vorschriften für die jeweiligen Vertragsstaaten bei Ausbleiben einer fristgemäßen Gegenerklärung verbindlich werden, ohne daß es noch einer ausdrücklichen Zustimmung von ihrer Seite her bedarf, liegt hier ein Verfahren vor, dessen Einordnung in die Systematik des überbrachten VRs sich gewisse Schwierigkeiten entgegenstellen.

Dieses trägt genossenschaftlichen[1], nicht herrschaftlichen Charakter. Es ist das Recht Freier, die keinen Höheren über sich anerkennen[1]. In Umkehrung der von Berber[1] zitierten Definition Gierkes[2] sind hier alle, was in einem herrschaftlichen Verband nur der eine, oberste, ist. Die Willensbildung einer solchen Gemeinschaft erfolgt durch Integration aller Einzelwillen. Das Institut der Übereinstimmung ist der Genossenschaft grundsätzlich fremd.

Zwar gibt es für Verträge von meist untergeordneter Natur bereits jenes einstufige Abschlußverfahren[3], bei dem auf die Ratifikation und damit eine Kontrolle durch das innerstaatliche Parlament verzichtet wird. Die Abschlußkompetenz bleibt jedoch auch hier in den Händen des Staates, nur mit dem Unterschied, daß sie der ausführenden Gewalt zur selbständigen Entscheidung überlassen ist und von ihrem bevollmächtigten Vertreter durch einfache Unterschrift ausgeübt wird.

---

[1] Friedrich *Berber:* Lehrbuch des Völkerrechts, Bd. I, 1960, S. 17 f.

[2] Otto *v. Gierke:* Das Dt. Genossenschaftsrecht, Bd. I, 1954, S. 89.

[3] Vgl. Claude *Chayet:* Les accords en forme simplifiée, Ann. Fr., Bd. III, (1957), S. 3 ff.

In Art. 22 SWHO ist dagegen jedes Erfordernis einer ausdrücklichen staatlichen Erklärung überhaupt weggefallen[4], und gerade in diesem Zustimmungserfordernis der Staaten zu dem von einer internationalen Organisation ausgearbeiteten Text sieht Balladore Pallieri[5] die Grenze, die nicht überschritten werden darf, ohne daß dadurch das Institut des Vertrages verlassen wird.

Auf der anderen Seite jedoch können die Mitgliedstaaten der Organisation auf Grund ihrer Ablehnungs- und Vorbehaltsmöglichkeit nicht gegen ihren fristgerecht erklärten Willen gebunden werden, was wiederum einem Gesetzgebungsverfahren, wenigstens in der Form, wie es sich im innerstaatlichen Bereich darstellt, widerspricht.

Bestimmungen wie Art. 21, 22 SWHO finden sich nur vereinzelt und auch erst in neuerer Zeit, so daß sich noch keine Grundsätze etwa für ein einseitiges „vrs. Gesetzgebungsverfahren" entwickeln konnten.

Einige Schriftsteller haben daher eine eindeutige, alternative Subsumierung der Beschlüsse entweder unter Verträge oder unter — einseitige — Rechtsetzungsverfahren vermieden.

Anthony Leriche[6] nennt das Verfahren eine interessante Neuheit im Rahmen der Technik von Annahme und Abschluß mehrseitiger Regelungen, die sich von vielseitigen Verträgen oft nur in formeller Hinsicht unterscheiden.

Labeyrie-Ménahem[7] nennt Bindungen, die auf einem Beschluß beruhen und weder Unterschrift noch Ratifizierung seitens der Staaten benötigen: internationale Abkommen von anderer Natur als die Verträge im eigentlichen Sinn (accords internationaux, autres que les traités stricto senso).

Wengler schreibt[8], die Beschlüsse solcher internationaler Organe, die zwar aus Staatsvertretern bestehen, aber mit Mehrheit verbindlich für alle entscheiden, seien vom Vertragsschluß deutlich verschieden. Ein Anklang an das Verfahren beim Vertragsschluß sei aber dann festzustellen, wenn der mit Mehrheit beschlossene Entwurf für die Staaten verbindlich wird, wenn nicht fristgemäße Ablehnung erfolgt. So stellten zwar die internationalen Gesundheitsvorschriften Beschlüsse eines internationalen Organes dar, hätten aber praktisch Vertragscharakter[9].

---

[4] Marcel *Merle:* Le pouvoir réglementaire des Institutions Internationales, Ann. Fr., Bd. IV, (1958), S. 352.

[5] *Balladore Pallieri,* a.a.O., S. 521.

[6] Anthony *Leriche:* Quelques réflexions sur l'adoption et la conclusion des accords multilateraux déposés auprès du Secrétaire Général de l'Organisation des Nations Unies, Revue de Droit International pour le Moyen-Orient, 3. Jg., 1954, Nr. 2, S. 264.

[7] C. *Labeyrie-Ménahem:* Des Institutions Spécialisées, 1953, S. 138.

[8] Wilhelm *Wengler,* VR, Bd. I, 1964, S. 321.

[9] a.a.O., S. 219.

Bülck[10], Schwarzenberger[11] und Labeyrie-Ménahem[12] sprechen von einer „weitreichenden Befugnis quasilegislativer Art"[10], von „Quasilegislation"[11] bzw. von einem „pouvoir quasi-législatif"[12] und verwenden damit einen Begriff, den Verdroß[13] zur Bezeichnung von Vereinbarungen internationaler Konferenzen schlechthin gebraucht. Schwarzenberger spricht außerdem von „some semblance of legislative powers"[14], Jaenicke von „beschränkter Rechtsetzungsbefugnis"[15] und Reuter von einer „amorce d'une véritable législation"[16]. Berber stellt fest, die Vorschriften würden von der WGVers. auf eine der Gesetzgebung sehr nahekommende Weise beschlossen werden[17]. Auch Ingrid Detter[18] hält es für eine zu weitgehende Vereinfachung, die Vorschriften als Verträge zu bezeichnen. Sie spricht von einer „neuen Form internationaler Rechtsetzung — einem im Grunde einseitigen, jedoch komplexen Verfahren, in dem auch Elemente einer Willensübereinstimmung (consensual elements) immer noch gefunden werden können".

II. Das Verhalten der Staaten als Rechtsgrund der Verbindlichkeit

Den beiden unterschiedlichen Auffassungen über die Rechtsnatur der Beschlüsse entspricht es auch, daß die einen Schriftsteller ihre Rechtsverbindlichkeit auf Grund des Verhaltens der Mitgliedstaaten eintreten lassen wollen, die anderen auf Grund des Tätigwerdens der Organisation.

Bei denjenigen, die die beschlossenen Vorschriften in den Kreis der vertraglichen Verbindlichkeiten einordnen[1] und ihre Gültigkeit daher

---

[10] Hartwig *Bülck:* Weltgesundheitsorganisation, in Strupp-Schlochauer, Wörterbuch, Bd. III, S. 819.

[11] Georg *Schwarzenberger:* A Manual of International Law, 4. Aufl., 1960, Bd. I, S. 261.

[12] *Labeyrie-Ménahem,* a.a.O., S. 132.

[13] Alfred *Verdroß,* VR, 5. Aufl., 1964, S. 144; auch Hanna *Saba* faßt den Begriff der „activité quasi-législative" internationaler Organisationen weit und versteht darunter sowohl die inhaltliche Festlegung von Vertragsentwürfen, wie auch die Formulierung von Empfehlungen oder den Erlaß bindender Vorschriften (L'activité quasi-législative des institutions spécialisées des Nations Unies, RC, Bd. 111, (1964 I), S. 616).

[14] *Schwarzenberger,* a.a.O., S. 260.

[15] Günther *Jaenicke:* Völkerrechtsquellen, Abschnitt C 5, in Strupp-Schlochauer, Wörterbuch, Bd. III, 1964, S. 772.

[16] Paul *Reuter:* Institutions Internationales, 1955, S. 181.

[17] Friedrich *Berber:* Lehrb. d. VRs, Bd. III, 1964, S. 223.

[18] Ingrid *Detter:* Law Making by International Organizations, 1965, S. 240.

[1] Auch der Generaldirektor der WHO bezeichnete in einem Explanatory Memorandum (Off. Rec. Nr. 37, Teil II, S. 329 ff. (332)), das allerdings keine

auf das Verhalten der einzelnen Staaten zurückführen, ergeben sich gewisse Abstufungen der Ansichten, je nachdem wie eng sie sich bei der
Behandlung der Beschlüsse an das klassische Vertragsmodell anlehnen.

1. Die Ratifikation der Satzung

Die Beschlüsse der WGVers. sollen nur den über eine bestimmte Frist
hin schweigenden *Mitgliedstaaten* gegenüber verbindlich werden, d. h.
gegenüber solchen Staaten, die die Satzung der Organisation ratifiziert
haben. Doch läßt sich die Verbindlichkeit der durch Beschluß festzulegenden Vorschriften nicht etwa auf eine diese *mitumfassende Ratifika-*
tion der Art. 21, 22 SWHO gründen. Die erst später zu erlassenden Regelungen können noch nicht Gegenstand eines sie umfassenden Verpflich-
tungswillens sein. Hierzu wäre bereits eine genauere Präzisierung
notwendig, für die es nicht ausreicht, daß in Art. 21 SWHO die zu
regelnde Materie umgrenzt wird. Bei der Internationalen Gesundheitsordnung handelt es sich damit nicht etwa um einen vrn. Vertrag, dem
bereits im Grundvertrag der Organisation mit Widerrufsvorbehalt zugestimmt worden ist[2].

Da die Beschlüsse im eigenen Namen der Organisation erlassen werden und sie durch die Möglichkeit des Mehrheitsentscheids keine besondere Rücksicht auf eine Vielzahl von Sonderinteressen zu nehmen brau-
chen, kann man auch nicht davon sprechen, daß die WHO hier im Rahmen
einer in Art. 21, 22 der Satzung enthaltenen *Vollmacht*[3] tätig wird und

---

offizielle Auslegung darstellen sollte, die Vorschriften als „am Ende wirkliche
Verträge", die nur stark verschieden seien von der allgemein anerkannten
Form internationaler Abkommen. Er nennt das Verfahren „an instance of a
flexible means of treaty-making particularly suited to a technical international agreement which has to keep pace with the changing epidemiological
situation, the experience gained and the progress of science and technique"
und hofft, „that these regulations will prove a considerable advance in treaty-
making procedure".
Ebenfalls von einem echten Vertrag mit neuartigem Abschlußverfahren
spricht Georges *Perrin*: La neutralité permanente de la Suisse et les Organisations Internationales, 1964, S. 60.
[2] a. A. offensichtlich die Erklärung von M. *Klöti* im Rahmen der Botschaft
des Schweizer Bundesrates an das Parlament, nach der durch die internationalen Gesundheitsvorschriften keine Verpflichtungen ausgesprochen würden,
die nicht schon durch den Beitritt zur Organisation übernommen worden
seien (Bulletin sténogr. de l'Assemblée Fédérale, Conseil des Etats 1952,
S. 63 ff., zit. in Paul *Guggenheim*: La procédure de création d'actes constitutifs d'une organisation internationale et la mise en vigueur de ses règlements
techniques, Schweizer Jahrbuch f. Internationales Recht, Bd. 10, (1953), S. 203).
[3] So spricht Fritz *Münch*: Internationale Organisation mit Hoheitsrechten,
in Rechtsfragen der internationalen Organisation, Festschrift für Wehberg,
1956, S. 307 davon, daß die Staaten hier eine Blankoverpflichtung eingegangen seien, was von Günther *Schulz*, Entwicklungsformen internationaler Gesetzgebung, 1960, S. 116 dahin ausgelegt wird, daß hier „im Voraus eine
Blankovollmacht gegeben" worden sei.

so die Vorschriften selbstkonkludierend als Vertrag abschließt, stellvertretend für jeden einzelnen Mitgliedstaat.

2. Das Schweigen innerhalb bestimmter Frist

a) Schweigen als konkludente Annahmeerklärung

aa) Entwicklung und Begründung dieser Ansicht

Nach Heinrich Drost ist ein internationaler Vertrag — wie in jeder anderen Rechtsordnung auch — eine *erklärte Willensübereinstimmung* über die Herbeiführung eines einheitlichen Rechtserfolges[4]. In dem Schweigen eines Staates könne eine Anerkennung nur dann liegen, wenn es — etwa nach vorhergegangener Notifikation — nicht nur als ein objektiver Umstand, sondern als *schlüssiger Ausdruck des dahinterstehenden Willens* aufgefaßt werden kann[5].

Matteo Decleva[6] versteht unter einer *stillschweigenden Willenserklärung* (dichiarazione tacita) ein Verhalten — auch Worte —, das zwar weder subjektiv (nach dem Willen des sich Verhaltenden) noch objektiv (nach der Art des Verhaltens) in erster Linie auf Kundgabe des bestimmten Willens gerichtet ist, das aber dessen Vorhandensein indirekt anzeigt.

Aus dem Erfordernis der Rechtssicherheit entnehme die Lehre das Postulat, daß sich der Wille aus dem Verhalten in sicherer und jeden Irrtum ausschließender Weise ergeben müsse[7].

Diesem Erfordernis sei Genüge getan, wenn dem Verhalten die Bedeutung einer bestimmten Willenserklärung von vornherein durch eine Norm, eine Gewohnheit oder von den Parteien selbst (durch Vertrag) beigelegt sei[8].

Das Schweigen werde dann als Willensäußerung *ausgelegt*, sei dann „fatto manifestativo de la voluntá"[9].

Anzilotti spricht ausdrücklich davon, daß auch Stillschweigen zum konkludenten Handeln gerechnet werden müsse[10], und Wengler[11] schreibt

---

[4] Heinrich *Drost:* Grundfragen der Lehre vom internationalen Rechtsgeschäft, in Festschrift für Rudolf Laun, 1953, S. 219.

[5] a.a.O., S. 218.

[6] Matteo *Decleva:* Gli accordi taciti internationali, 1957, S. 15, 16.

[7] a.a.O., S. 16.

[8] a.a.O., S. 75, 119.

[9] a.a.O., S. 76.

[10] Dionisio *Anzilotti:* Lehrbuch des VRs, 1929, S. 260; hier heißt es weiter: „So kann z. B. das Schweigen, das nach ordnungsgemäßer Notifikation einer Tatsache oder auch nach deren allgemeinem Bekanntwerden bewahrt wird — während der betreffende Staat in der Lage und kraft besonderer Vereinba-

im Zusammenhang mit Art. 47 des einheitlichen Opiumabkommens von 1961, der nicht in Worten ausgedrückte Wille sei hier wenigstens in einem schlüssigen Verhalten geäußert.

Zu Art. 21, 22 SWHO sagt Decleva, daß diese Bestimmung trotz des grundsätzlichen Bestehens zweier Interpretationsmöglichkeiten[12] nicht im Widerspruch der Staaten die auflösende Bedingung für die durch Beschluß gesetzte Bindung sehe[13], sondern dem Schweigen die Bedeutung einer Annahme beilege.

Diese Auslegung sei gerechtfertigt, da Art. 21, 22 SWHO nur auf die Zugangsbedürftigkeit und eine bestimmte Form der Erklärung verzichte, diese aber weiter auch in ausdrücklicher Form abgegeben werden könne[14].

Die Entstehungsgeschichte des Art. 22 SWHO[15] zeige, daß gegen seine Einführung eine lebhafte Opposition bestanden habe, die eine Verletzung des Souveränitätsprinzips durch die Möglichkeit befürchtete, nun durch ein Versehen (through oversight) gebunden werden zu können[14].

Es könne deswegen nicht vermutet werden, daß die Vertragsparteien darauf verzichtet hätten, die ihnen regelmäßig zustehende Autonomiegewalt weiter auszuüben, dadurch daß sie ein Verfahren angenommen hätten, in dem sie entweder überhaupt nicht mehr oder wenigstens nicht mehr als die einzigen Begründer von VRs-Normen erscheinen und in dem ihr Unterlassen sich nicht mehr als Annahme darstellen lasse.

Die Auslegung des Schweigens als stillschweigende Annahme sei wichtig, da sie zur Anwendung der allgemeinen Regeln über Willenserklärungen beim Vertragsschluß führe.

Die stillschweigend angenommenen Vorschriften gründeten sich damit auf einen neuen Rechtsgrund, der unabhängig von einer Mitgliedschaft in der Organisation weiterbestehe.

Die Registrierungsmöglichkeit der IGO nach Art. 102 der UNO-Charta bestätige ebenfalls ihren Vertragscharakter.

---

rungen oder gemäß der allgemeinen Praxis auch verpflichtet war, seinen Protest oder seine Vorbehalte zum Ausdruck zu bringen — sehr wohl als ein Hinnehmen der Tatsache und ein Aufgeben der entgegengesetzten Ansprüche, die hätten geltend gemacht werden können, *ausgelegt* werden." (Kursivdruck vom Verf. der vorliegenden Arbeit.

[11] Wilhelm *Wengler*, VR, Bd. 1, S. 211.

[12] *Decleva*, a.a.O., S. 112.

[13] a.a.O., S. 113.

[14] a.a.O., S. 115.

[15] Off. Rec. Nr. 2, S. 16 ff.; vgl. oben, Zweites Kap., FN 26.

bb) Abstellung auf den Regelfall und Vermutung

Die Theorie Declevas, daß Art. 22 SWHO das Schweigen eines Mitgliedstaates auf die Notifizierung des die Gesundheitsvorschriften enthaltenden Beschlusses als Äußerung des Annahmewillens ansieht, schließt nicht aus, daß im Einzelfall ein solcher Wille fehlt. Aus dem Erfordernis der Rechtssicherheit heraus ist die Erklärung, nicht der dahinter stehende Wille das bestimmende Element[16]. Die Willensäußerung muß nur von derart *typischer Natur* sein, daß man bei ihrem Vorliegen von der Existenz eines bestimmten ihr entsprechenden und zugrunde liegenden Willens *regelmäßig* ausgehen kann.

Tammes schreibt, wenn Regelungen internationaler Organisationen bei Fehlen staatlicher Ablehnung verbindlich würden, so geschehe dies „in order to make acceptance more easily assumed"[17].

Auch Hartwig Bülck bestimmt das in Art. 22 SWHO niedergelegte Prinzip als (unwiderlegbare) *Vermutung* der Annahme bei längerem Schweigen[18].

Lauterpacht erklärt, im Rahmen des „contracting-out"[19]-Verfahrens werde das Einverständnis der Staaten vermutet[20], während sonst grundsätzlich bei längerer Nichtratifikation deren Verweigerung vermutet werden müsse[21].

Diese Regel, nach der die vertraglichen Verpflichtungen eines Staates eng auszulegen sind und nach der im Zweifel eine Bindung nicht besteht, werde — so schreibt Schulz in ähnlicher Weise — durch das contracting-out-System in ihr Gegenteil verkehrt: Ein Verfahren, das den Abschluß vrr. Verträge begünstige[22].

Emile Giraud bezeichnet im Zusammenhang mit Art. 22 SWHO eine „Annahme durch Schweigen" als die „weitestgehende Vereinfachung

---

[16] Heinrich *Drost:* Grundfragen, a.a.O., S. 217.

[17] A. J. P. *Tammes:* Decisions of International Organs as a source of International Law, RC, Bd. 94, (1958 II), S. 345.

[18] Hartwig *Bülck:* Der Strukturwandel der internationalen Verwaltung, Recht und Staat, Heft 247, 1962, S. 8.

[19] Zu dem im engl. Sprachraum gebräuchlichen Begriff vgl. unten, Viertes Kap., I 2.

[20] Hersch *Lauterpacht:* The contemporary practice of the United Kingdom in the field of international law: survey and comment, VII, ICLQ, Bd. 8, (1959), S. 146 ff. (S. 187 f.).

[21] *Oppenheim-Lauterpacht:* International Law, 8. Aufl., 1955, § 513, S. 908.

[22] Günther *Schulz:* Entwicklungsformen internationaler Gesetzgebung, 1960, S. 54.

unter den vereinfachten Verfahren beim Vertragsschluß"[23]. Hier erhalte das Schweigen den Wert einer Einwilligung. Die Zustimmung der Staaten bleibe weiter erforderlich, und diese könnten sich durch ausdrückliche Willenserklärung der Verpflichtung, die bisher nur als Entwurf vorliege, entziehen[24].

cc) Abwägung und Ablehnung dieser Konstruktion

Die Begründung der Ansicht, daß auch die Bindungswirkung nach Art. 22 SWHO nur auf Grund eines regelmäßig vorhandenen entsprechenden Willens der Staaten eintritt, läßt sich allerdings entgegen der Ansicht Declevas nicht aus dem Widerstand herleiten, den einige Delegierte auf der New Yorker Gesundheitskonferenz der Einführung dieser Vorschrift entgegengesetzt haben[25]. Das Argument, nicht durch Nachlässigkeit gebunden werden zu wollen, da dies den Grundsatz der Souveränität verletze, richtet sich nur gegen die praktischen Folgen der Vorschrift. Der Eingriff in die Freiheit der Einzelstaaten wird aber nicht dadurch geringer, daß man seine Berechtigung in der Theorie auf eine durch Schweigen konkludent ausgedrückte Annahme zurückführt.

Über die Rechtsnatur der umstrittenen Bestimmung bildete sich, wie aus dem Schlußbericht der Konferenz weiter hervorgeht[25], keine einhellige Ansicht. Das zur Prüfung dieser Frage eingesetzte Subkomitee nannte als Präzedenzfälle zu Art. 22 SWHO ähnliche Bestimmungen im internationalen Zivilluftfahrtsabkommen[26] und im internationalen Sanitätsabkommen für die Luftfahrt[27]. Dabei wurde aber festgestellt, daß in letzterer das Prinzip stillschweigender Annahme (tacit approval)[28] verankert sei, während im Rahmen des internationalen Zivilluftfahrtabkommens die Bindungswirkung durch Beschluß gesetzt werde. Doch konnte innerhalb des Subkommittees keine Übereinstimmung hinsichtlich der Auslegung erzielt werden.

---

[23] Emile *Giraud:* Le Droit international public et la politique, RC, Bd. 110, (1963 III), S. 629: „L'acceptation par le silence apparaît comme la plus simplifiée des procédures simplifiées pour créer des obligations conventionnelles."

[24] *Giraud,* a.a.O., S. 630: „... on se trouve seulement dans un cas de convention conclue selon une procédure simplifiée qui donne au silence la valeur d'un acquiescement. Le consentement des Etats reste nécessaire, et ils peuvent, par une manifestation expresse de volonté, se soustraire à un engagement qui leur est simplement proposé."

[25] Off. Rec. Nr. 2, S. 20.

[26] Vgl. oben, Zweites Kap., FN 34, 35 u. zugehöriger Text.

[27] Vgl. oben, Zweites Kap., FN 44 u. zugehöriger Text.

[28] Von einem Verfahren stillschweigender Anerkennung bzw. stillschweigender Billigung spricht auch G. I. *Tunkin* (UdSSR), Theoretische Fragen des VRs, dt. Übers. in: Modernes VR, Form oder Mittel der Außenpolitik, 1965, S. 291.

Abschließend stellt der Bericht fest: Das Verfahren des Art. 22 SWHO lege jedem Mitglied der Organisation die Last auf, seine Weigerung, die Vorschriften anzunehmen, zu erklären. Mit anderen Worten, es werde sich durch eine Vertragserklärung aus der Verpflichtung zu lösen haben, anstatt das Recht zu besitzen, die Vertragsverpflichtung durch förmliche Annahme einzugehen[29].

Aus der Entstehungsgeschichte des Art. 22 SWHO geht aber hervor, daß diese Bestimmung eingeführt wurde, um auch diejenigen Staaten möglichst schnell an die von der WGVers. beschlossenen Vorschriften zu binden, die das komplizierte Verfahren der Zustimmung ihrer Parlamente lange versäumen oder überhaupt unterlassen und damit einen eigenen die Vorschriften betreffenden Willen *gar nicht bilden.*

Wenn es sich auch bei dem parlamentarischen Beschluß um einen innerstaatlichen Vorgang handelt, der völkerrechtlich nicht weiter in Erscheinung tritt, so gingen doch die Schöpfer des Art. 22 davon aus, daß die Staaten auch ohne Bildung — und nicht nur ohne die ausdrückliche Erklärung — eines eigenen Willens gebunden sein sollten.

Art. 22 SWHO will damit *nicht den Fall eines konkludenten Schweigens* bringen, d. h. nur eine Auslegungsregel darstellen für einen regelmäßig vorhandenen Willen und dabei auf den Zugang von dessen Erklärung verzichten.

b) Schweigen als tatsächlicher Verhaltenstatbestand — die Fingierung der Annahmeerklärung

aa) Das Wesen der Fiktion

Sollen nun die Staaten, die eine bestimmte Zeit lang einen eigenen Willen nicht gebildet, geschweige denn erklärt haben, so behandelt werden, als ob sie die beschlossenen Vorschriften ordnungsgemäß angenommen hätten, so läßt sich dies gesetzestechnisch dadurch erreichen, daß die Annahme „*fingiert*" wird.

Bei der Fiktion handelt es sich um *eine Form der Verweisung,* durch die an einen bestimmten Tatbestand (Schweigen während festgelegter Frist) die Rechtsfolgen eines anderen, nicht vorliegenden, fiktiven (ordnungsgemäße Annahmeerklärung) geknüpft werden[30].

---

[29] Off. Rec., a.a.O.: „This procedure places on each Member of the Organization the burden of declaring its refusal to accept a regulation. In other words, it will have to ‚contract out' of the obligation instead of having the right to ‚contract in' by act of formal acceptance."

[30] Zur Problematik der Fiktion vgl. Josef *Esser:* Wert und Bedeutung der Rechtsfiktionen, 1940.

Arrigo Cavaglieri[31] schreibt zwar im Sinne Declevas, zu den stillschweigenden Willensäußerungen (durch konkludentes Handeln) könne auch das einfache Schweigen gezählt werden, führt dies aber auf eine Fiktion zurück: *Qui tacet consentire videtur, dum loqui potuit ac debuit*[32].

Ebenso schreibt Ernst Wolgast[33]: Da das VR keine bestimmte Form der Erklärungen als Bedingung für ihre Rechtserheblichkeit fordere, seien auch stillschweigende, aus konkludenten Handlungen zu erschließende Erklärungen möglich. Einer stillschweigenden Willenserklärung *stehe* Stillschweigen auf eine Erklärung *gleich*, wenn eine Äußerung erwartet werden durfte, sei es wegen bestehender Verträge, sei es nach allgemeinem Brauch, und weil die tatsächliche Möglichkeit dazu bestand: qui tacet consentire videtur.

Das Rechtsinstitut der Fiktion, das gegenüber der sonst notwendigen Anzahl von Einzelverweisungen gewisse gesetzestechnische Vorteile hat, wird oft auch als *historische Fiktion* dann verwendet, „wenn es gilt, die in der Geschlossenheit, Logik und scheinbar zwingenden Verbundenheit eines Rechtssystems liegenden Überzeugungswerte auch einzelnen Rechtssätzen zugute kommen zu lassen, die offenkundig außerhalb des vermeintlich geschlossenen Systems stehen"[34]. Als ein auch in unserem Zusammenhang aktuelles Beispiel nennt Esser die Zurückführung möglichst jeder Regelung auf den eigenen Willen des Betroffenen im 19. Jahrhundert.

So sei nach Demelius[35] die Rechtsform der Fiktion im römischen Sakralrecht entstanden, das mit fortschreitender Entwicklung zuerst die Menschenopfer durch Tieropfer und dann auch diese durch weniger wertvolle „simulierte" Opfer ersetzt habe. Die in Teig oder Wachs geformten Abbilder hätten dann unter dem Satz gestanden: *in sacris simulata pro veris accipiuntur.*

Auch Demelius habe den Wert der „historischen Fiktion" in ihrer Fähigkeit gesehen, unter Durchbrechung veralteter Grundsätze neue Rechtsgedanken in die alte Vorstellungswelt einzuführen und dennoch den Buchstaben des Gesetzes oder andere hochgehaltene Prinzipien zu schonen[36].

---

[31] Arrigo *Cavaglieri:* Corso di Diritto Internationale, 1934, S. 454.
[32] Den Fiktionscharakter dieses Satzes betont auch Günther *Schulz:* Entwicklungsformen internat. Gesetzgebung, S. 55, und wendet sich damit ebenfalls gegen die Konstruktion einer stillschweigenden konkludenten Zustimmung.
[33] Ernst *Wolgast:* VR, 1934, § 288 e, S. 805.
[34] Josef *Esser,* a.a.O., S. 6.
[35] *Demelius:* Die Rechtsfiktionen in ihrer geschichtlichen und dogmatischen Bedeutung, Weimar 1858, § 4, zit. in *Esser,* a.a.O., S. 20.
[36] *Demelius,* a.a.O., S. 81, zit. in *Esser,* a.a.O., S. 35.

Zur Bezeichnung des Schweigens als Willensäußerung schreibt Jacques Bentz für den Bereich des Völkerrechts, die Fiktion erleichtere die Annahme gewisser neuer Lösungen, die als solche im Augenblick noch nicht in das internationale Recht eingeordnet werden könnten[37]. Die voluntaristische Theorie verwende daher diese Methode bei dem Versuch, in ihr System auch jene Tatsachen einzuschließen, die sich ihm an sich entzögen[38].

bb) Die Frage nach dem Rechtsgrund

Diese Einführung in das alte System vollzieht sich aber nur scheinbar, denn das Problem, weshalb im Wege der Verweisung die alten Grundsätze durchbrochen werden dürfen, muß außerhalb der herkömmlichen Ordnung stehen bleiben. Die Fiktion gibt von sich aus keine Antwort auf die juristische Frage, *aus welchen Rechtsgründen* die an den fiktiven Tatbestand geknüpfte Regelung eintritt[39].

Dies hebt auch Brierly hervor, wenn er eine Verpflichtung, die nicht durch irgendeine Art wirklicher Willensübereinkunft zustandekommen soll, sondern durch ein Gesetz, das bei Vorliegen einer bestimmten Situation die gleiche Rechtslage eintreten läßt, wie wenn ein Vertrag bestünde, eine „obligation quasi ex contractu" nennt, bei der die Annahme eines Vertrages eine bloße Fiktion sei und die daher nicht mehr von dem Satz umfaßt werde, daß das VR entstehe „from the consent of nations, express or implied"[40].

Die im Wege der Verweisung festgelegten Rechtsfolgen können ihr Eintreten nicht auf den fiktiven Tatbestand selbst (hier: consentire) zurückführen, sondern nur auf den eigenen, tatsächlich erfüllten (hier: dum loqui potuit ac debuit) und auf den Zweck und die Rechtsgültigkeit der Verweisung. Daher führen manche im Zivilrecht verwendeten Begriffe wie „typisierte Willenserklärung", „typischer Erklärungsakt mit normierter Wirkung" oder „fahrlässige Willenserklärung" zu einer *Scheindogmatik,* da sie glauben machen, die Nichterklärung sei ein rechtsgeschäftlicher Akt[41].

---

[37] Jacques *Bentz:* Le silence comme manifestation de volonté en droit international public, Rev. gén., Bd. 67, (1963), S. 54.

[38] a.a.O., S. 52.

[39] Werner *Flume:* Rechtsgeschäft und Privatautonomie in: Hundert Jahre dt. Rechtsleben, Festschrift dt. Juristentag, Karlsruhe 1960, S. 171.

[40] James Leslie *Brierly:* The Basis of Obligation in International Law, hrsg. v. Lauterpacht, 1958, S. 11, engl. Übers. des von Brierly vor der Académie de Droit International geh. Vortrags: Le Fondement du Caractère Obligatoire du Droit International, RC, Bd. 23, (1928 III), S. 480.

[41] *Flume,* a.a.O.

Für den Fall einer Fiktion, wie sie sich in typischer Weise z. B.[42] in dem vom Subkommittee auf der New Yorker Weltgesundheitskonferenz zitierten Art. 61 des internationalen Sanitätsabkommens für die Luftfahrt von 1933 findet, ist daher der Eintritt der Bindung nicht die Rechtsfolge eines fiktiven Annahmewillens, sondern — zugeordnet durch die Verweisung— des durch den Beschluß und das auf ihn folgende längere Schweigen gesetzten Tatbestandes[43].

Für die Frage nach dem Rechtsgrund ist es daher unerheblich, ob eine Verweisung ausdrücklich oder in der Form der Fiktion geschieht.

Daß Art. 22 SWHO nicht in die sprachliche Form der Fiktion gekleidet ist, hat aber eine andere Bedeutung. Die Fiktion betont den *Ausnahmecharakter*[44] einer Norm. Flume[45] will daher mehrere ähnliche Fiktionen nur als unabhängig voneinander bestehende Einzelausnahmen behandeln und lehnt es ab, sie zu einer neuen allgemeinen Gruppe mit eigenem selbständigen Rechtscharakter zusammenzufassen. In Art. 22 wird aber sprachlich ein solcher Sondercharakter der Vorschrift nicht betont.

Der Wortlaut des Nachsatzes „dum loqui potuit ac debuit" weist in die Richtung, daß die Wirkung der Annahme etwa auf Grund von fehlerhaftem, vorwerfbarem Verhalten zugerechnet werde und wir es hier mit einer außerhalb des Willenserklärungsrechtes stehenden *Verhaltenshaftung* zu tun haben.

So schreibt Heinz Hübner[46], nicht rechtsgeschäftliche Konsequenz, sondern Reflexwirkung aus der Verhaltensweise treffe den, dem zugerechnet wird. Das Verhalten stelle „für sich" einen Tatbestand dar, an dem sich die Interessen der Beteiligten orientieren.

cc) Die Fehlerhaftigkeit des Schweigens

Daß Schweigen in diesem Fall eine „faute" sei, „entraînant une réparation appropriée", erklärt Jacques Bentz ausdrücklich im Hinblick auf Art. 22 SWHO, wie auch im Hinblick auf alle anderen Fälle, „in denen eine Vertragspartei auf Grund eines genauen Textes, einer bestehenden

---

[42] Dieses und weitere Beispiele oben, Zweites Kap., FN 38—40, 44, 47—49 und dazugehöriger Text.

[43] Dies wird besonders deutlich bei Sir Humphrey *Waldock:* General Course on Public International Law, RC, Bd. 106, (1962 II), S. 98, der das Verfahren nach Art. 21, 22 SWHO zwar einen "process of tacit consent" nennt (Fiktion), den Rechtsgrund der Verbindlichkeit jedoch in einer Ermächtigung der Organisation (empowered) durch Übertragung von Gesetzgebungsmacht sieht (delegated powers of legislation).

[44] Vgl. insbesondere die historische Fiktion.

[45] Werner *Flume:* Archiv für civilistische Praxis (AcP) 161, S. 75.

[46] Heinz *Hübner:* Zurechnung statt Fiktion einer Willenserklärung, in Festschrift für Nipperdey, 1965, S. 378.

Übung oder aus dem Prinzip des guten Glaubens heraus verpflichtet sei, ihre Absicht zu äußern[47]".

Da die Begründer der WHO bei der Ausarbeitung der Satzung davon ausgingen, daß durch das bisherige, oft nur schleppend betriebene Ratifikationsverfahren der Vertragszweck nicht erreicht werden könne, liegt der Gedanke nahe, daß bei nicht rechtzeitiger Erklärung die der Interessenlage der Parteien am meisten entsprechende Regelung, nämlich deren Bindung an die beschlossenen Vorschriften, als Folge solch nachlässigen Verhaltens eintreten sollte.

Eine allgemeine Pflicht zu baldiger Erklärung darüber, ob ein Staat einen Vertrag annehmen will oder nicht, gibt es jedoch nicht. Art. 7 der Havanna Convention on Treaties, nach dem eine Ablehnung der Ratifikation oder die Formulierung von Vorbehalten zwar ein inhärenter Bestandteil nationaler Souveränität ist, eine Ablehnung aber bekanntgegeben werden muß[48], ist eine Ausnahme geblieben.

Daß es die Nachlässigkeit der Staaten gewesen ist, die überhaupt zur Einführung des Instituts nach Art. 22 SWHO geführt hat, besagt noch nicht, daß hier zu dem Mittel gegriffen wurde, das Schweigen für rechtswidrig zu erklären und an solch vorwerfbares Verhalten die Rechtsfolge der Wirkung einer ordnungsgemäßen Annahme zu knüpfen.

Im Gegensatz zu den Fällen, die der Satz „qui tacet consentire videtur, dum loqui potuit ac debuit" im Auge hat, beschränkt sich das Verhalten der Staaten im Hinblick auf die Regelung, an die sie bei längerem Schweigen gebunden sein sollen, nicht nur auf dieses Schweigen. Die Staaten setzen sich mit den Vorschriften nicht erst in einem Zeitpunkt auseinander, in dem ihnen diese in ihrer endgültigen Form vorgelegt werden.

Auch an ihrer Formulierung durch den Mehrheitsbeschluß der WGVers. wirken sie durch ihre Vertreter mit.

Außerdem haben sie sich in der Satzung mit der Rechtsverbindlichkeit solcher auf einen engen sachlichen Bereich begrenzter Beschlüsse einverstanden erklärt.

Es sind also drei Bedingungen, die zusammen zu der Bindungswirkung der Art. 21, 22 SWHO führen:

1. der in der Satzung niedergelegte Staatswille,

2. der Mehrheitsbeschluß der in der WGVers. sitzenden Delegierten,

3. das Schweigen des einzelnen Staates nach Bekanntgabe des Beschlusses innerhalb festgelegter Frist.

---

[47] *Bentz*, a.a.O., S. 55.
[48] *De Martens*, NRG, 3. Ser., Bd. 40, S. 375.

Der Eintritt der Verbindlichkeit kann damit nicht allein auf die dritte Bedingung zurückgeführt werden, etwa durch die Konstruktion der schuldhaften Verletzung einer Redepflicht.

Dem Wortlaut des Art. 22 nach scheint es sich bei dem Schweigen der Staaten auch gar nicht um einen Fall von Nachlässigkeit zu handeln, denn eine ausdrückliche Annahmeerklärung wird nicht erwartet und ist auch in der bisherigen Praxis nicht erfolgt.

dd) der fakultative Charakter einer staatlichen Mitwirkung nach Bekanntgabe der Beschlüsse

Inwiefern nun das Schweigen überhaupt relevant ist und als Rechtsgrund für die Verbindlichkeit herangezogen werden kann, ergibt sich erst im Zusammenhang mit dem Beschlußverfahren selbst.

Nach Art. 21, 22 SWHO wird nicht nur wie im Rahmen von Art. 19 SWHO oder bei der ILO der Inhalt von Abkommen durch Mehrheitsbeschluß festgelegt[49], der so beschlossene Inhalt wird auch für die einzelnen Staaten mangels fristgemäßer Gegenerklärung verbindlich.

Es stellt sich also das Problem, inwiefern hier zu einer anderen Lösung gekommen werden muß, als oben bei der Behandlung der nur inhaltmäßigen Festlegung[50]. Erlangt ein seinem Inhalt nach bereits beschlossenes Gesetz erst durch die Zustimmung eines weiteren Staatsorgans den Charakter einer Norm des positiven Rechtes, so spricht Fleischmann von einem „placet"[51].

Von einer solchen notwendigen Mitwirkung am Gesetzgebungsverfahren sind jene Fälle streng zu unterscheiden, bei denen einem Willen nur „Gelegenheit gegeben werden soll, auf die Entschließung einzuwirken, ohne daß seine Mitwirkung für das gültige Zustandekommen des betreffenden Akts erforderlich wäre"[52].

Als ein Kriterium für die Unterscheidung zwischen notwendiger (obligatorischer) und möglicher (fakultativer) Beteiligung an der Gesetzgebung nennt es Schade[53], daß bei einem Zustimmungserfordernis, als

---

[49] Diese Zuständigkeit zur Festlegung des Inhalts findet ihren Ausdruck auch in der Bestimmung des Art. 107 der IGO, wonach die WGVers. dem Vorbehalt eines Mitgliedstaates mit der Begründung widersprechen kann, daß er den Charakter und das Ziel dieser Vorschriften in wesentlichem Umfang beeinträchtige.

[50] Vgl. oben, Drittes Kap., A.

[51] *Fleischmann:* Der Weg der Gesetzgebung in Preußen, (Abh. aus dem Staats- und Verwaltungsrecht, hrsg. von Siegfried Brie, Heft 1), Breslau 1898, S. 54 (zit. in Hans *Schade:* Das Vetorecht in der Gesetzgebung unter bes. Berücksichtigung des dt. Reichsverfassungsrechts, Diss. 1929, S. 29).

[52] *Schade,* a.a.O., S. 3.

[53] a.a.O., S. 60.

4*

einem Fall obligatorischer Mitwirkung, keine Fristen gesetzt sind, sondern Schweigen als Nichterteilung der Zustimmung behandelt wird, während das Vetorecht, als Fall einer fakultativen Beteiligung, durch Zeitablauf erlischt[54].

Unabhängig von der Frage, ob es die Folgen einer positiven Willenserklärung sind, die bei Nichtbildung und Nichterklärung eines Willens zugerechnet werden, ist es doch nur der erklärte negative Willen der Staaten, den Art. 22 für rechtlich relevant erklärt. Bei Untätigkeit eines Staates soll dieser an den Beschluß gebunden sein.

Nach den von Schade genannten Grundsätzen ist den Staaten im Rahmen von Art. 22 SWHO *nur ein fakultatives Ablehnungs- und Vorbehaltsrecht* eingeräumt worden. Ein Staat, der nicht ablehnt, wird aber dadurch noch nicht zum Mitschöpfer der Norm[55].

Damit kommen wir zu dem vorläufigen Ergebnis, daß die Bindungswirkung der Beschlüsse nicht unmittelbar auf das Verhalten der Staaten selbst gegründet werden kann.

III. Der Mehrheitsbeschluß der Weltgesundheitsversammlung als Rechtsgrund der Verbindlichkeit

1. Die Verbindlichkeit von Mehrheitsbeschlüssen im allgemeinen

a) Der bindende Mehrheitsbeschluß als Element körperschaftlicher Organisation

Bindende Mehrheitsbeschlüsse treten nach Otto v. Gierke[1] dort auf, *wo sich die Genossenschaft zur Körperschaft steigert.*

Beide Organisationsformen können Rechtspersönlichkeit und damit einen eigenen Willen besitzen, der rechtlich von der Summe der Einzelwillen ihrer Mitglieder verschieden ist. Sie unterscheiden sich aber in dem Verfahren, nach dem ein mit Rechtsverbindlichkeit ausgestatteter Organisationswille gebildet werden kann.

Die Genossenschaft kann ihren Gliedern keine Verpflichtung auferlegen, die diese nicht selbst übernehmen wollten. Ein rechtsverbindlicher Wille dieser Gemeinschaft entsteht damit nur auf dem Wege der Integra-

---

[54] a.a.O., S. 116.

[55] Krzysztof *Skubizewski:* Forms of Participation of International Organizations in the Lawmaking Processes, Int. Org., Bd. XVIII, (1964), S. 800: "A State which is not contracting out does not by this very fact become the comaker of the decision."

[1] Otto *v. Gierke:* Über die Geschichte des Majoritätsprinzips in: Essays in Legal History, hrsg. von P. Vinogradoff, London 1913, S. 320.

tion der Einzelwillen, d. h. durch einen einhelligen Gesamtakt aller Genossen[2].

Im Rahmen der Körperschaft dagegen kommt es, wie Gierke es formuliert, zu einer „Abstraktion der Gesamteinheit von der Gesamtvielheit"[3]. Wenn die Versammlung der Mitglieder als Gesamteinheit handelt, d. h. wenn diese nach der von den Postglossatoren[4] entwickelten, das Wesen der Körperschaft herausstellenden Unterscheidung als *„omnes ut universi"* auftreten, und nicht als *„omnes ut singuli"* (Gesamtvielheit), genügt zur Bildung eines alle Glieder verpflichtenden Organisationswillens ein nur von der Mehrheit getragener Beschluß.

Unter Bezugnahme auf Gierke und die dort zitierten Postglossatoren schreibt Tammes[5], auch in internationalen Versammlungen könne die Mehrheit den Deckmantel (camouflage) der Einstimmigkeit oder Quasi-Einstimmigkeit leichter ablegen, wenn durch das VR in der Form einer Organisation eine ‚universitas‘ errichtet werde.

Bluntschli führte 1872 das Fehlen jeglicher Art von verbindlichen Mehrheitsbeschlüssen darauf zurück, daß die Menschheit noch „nicht als Eine Gesamtperson und noch nicht einmal als eine Rechtsgenossenschaft organisiert" gewesen sei und daß auch kein „auf genossenschaftlicher Verbindung beruhender allgemeiner europäischer Staatenbund" existiert habe[6]. „In Ermangelung einer schützenden Organisation" habe daher auf den Staatenkongressen nicht die Meinung oder der Wille der Mehrheit entschieden[7]. Nach Bergbohm[8] hätte die Verbindlichkeit eines Mehrheitsbeschlusses eine „Rechtsverbindung zwischen den Staaten, ja eine Rechtseinheit zwischen den Kulturstaaten" vorausgesetzt.

Im Rahmen des Verbandsrechtes fand die Bindungswirkung von Mehrheitsbeschlüssen allerdings ihre Grenze in den sich ebenfalls aus der postglossatorischen Unterscheidung ergebenden *„iura singulorum"*, den unantastbaren Sonderrechten der einzelnen Mitglieder[9].

---

[2] a.a.O., S. 314.

[3] a.a.O., S. 325.

[4] *Odofredus* und *Bartolus*, zit. a.a.O., S. 321.

[5] A. J. P. *Tammes:* Decisions of international Organs as a source of International Law, in RC, Bd. 94, (1958 II), S. 296.

[6] I. C. *Bluntschli:* Das moderne VR der civilisirten Staten, 2. Aufl., 1872, S. 61, § 10.

[7] a.a.O., S. 110, § 113.

[8] Carl *Bergbohm:* Staatsverträge und Gesetze als Quellen des VRs, 1877, S. 86.

[9] Die Kanonisten unterschieden weiter zwischen freien Individualrechten (iura s. propria) und den körperschaftlichen Sonderrechten (iura s. in universitate), zit. in *Gierke:* Genossenschaftsrecht, Bd. III, Neudruck 1954, S. 297 ff.; *Gierke* selbst sieht den Grund für den den Mitgliedern vorbehaltenen Indi-

Der Widerstand gegen derlei bindende Beschlüsse pflegt sich daher nicht nur gegen das Majoritätsprinzip als solches zu richten, sondern kann sich auch in dem Bemühen nach Stärkung und Ausweitung der iura singulorum zeigen, um auf diese Weise die Kraft der Gemeinschaftsgewalt schließlich lahmzulegen oder, wie am Beispiel der unverbindlichen Empfehlungen internationaler Organisationen deutlich wird, gar nicht erst entstehen zu lassen.

Da für die körperschaftliche Organisationsform allein der mit Rechtsverbindlichkeit ausgestattete Mehrheitsentscheid ausschlaggebend ist, handelt es sich im letzten Fall um den Versuch, das Institut des Mehrheitsbeschlusses in das VR einzuführen, ohne aber dadurch dessen genossenschaftlichen Charakter zu verändern[10].

Auch für den Fall der Art. 21, 22 SWHO wird zu untersuchen sein, ob es sich hier schon um eine Norm des Körperschaftsrechtes handelt, oder ob nicht auch ein bindender Mehrheitsbeschluß, solange noch den Staaten ein befristetes Ablehnungsrecht zusteht, in den Bereich genossenschaftlicher Organisation gehört.

Er müßte sich dann ebenfalls in jenem „labilen Gleichgewichtszustand" halten zwischen Herrschaft — als gegensätzlicher Organisationsform — und Anarchie — als Nichtorganisation— der den Charakter der Genossenschaft bestimmt[11].

b) Die Gleichsetzung des Mehrheitswillens mit dem Willen aller

Was die bindenden Mehrheitsbeschlüsse im allgemeinen angeht, so ist der Versuch einer Begründung ihrer Verbindlichkeit von den verschiedensten Gesichtspunkten her unternommen worden.

Zunächst identifizierte man einfach die körperschaftliche Gesamtheit, die „universitas ipsa", mit der Versammlung der Mitglieder, mit den

---

vidualbereich darin, daß „jeder Verband die ihm eingegliederten Menschen nur hinsichtlich eines Teiles ihrer Wesenheit in sich schließt und darüber hinaus ihre freie Einzelpersönlichkeit unberührt läßt" (Geschichte, S. 334).

[10] Vgl. *Tammes*, a.a.O., S. 288: „In order to obtain a majority decision under the cover of diplomatic unanimity, the legal form of an act is abandoned for something less strict." Die wechselseitige Abhängigkeit zwischen dem zur Bildung des Willens führenden Verfahren und dessen Verbindlichkeit zeigte sich auch in der Frühgeschichte des englischen Parlamentes, wo mit der Durchsetzung des Majoritätsprinzips die Frage nach der Zuständigkeit der Versammlung und der Vollmacht ihrer Angehörigen verbunden war (Hans Albrecht *Schwarz-Liebermann v. Wahlendorf*: Mehrheitsentscheid und Stimmenwägung, 1953, S. 37 ff.).

[11] Friedrich *Berber*: Lehrb. des VRs, Bd. I, S. 18, und Sicherheit und Gerechtigkeit, 1934, S. 16.

„*omnes ut universi*", und sah daher in dem satzungsmäßigen Mehrheitsbeschluß den unmittelbaren Ausdruck des Gesamtwillens[12]. Der Mehrheitswille wurde so durch eine Fiktion dem Willen aller gleichgesetzt[13].

Diese Gleichsetzung stellt jedoch juristisch gesehen nur den Versuch
dar, „die soziologischen Garantien genossenschaftlicher Ordnung zu er-
schleichen"[14], und kann den tatsächlichen Unterschied zwischen Mehr-
heits- und Minderheitswillen nicht aufheben und die Frage nicht beantworten, warum die dissentierende Minderheit so behandelt werden soll,
als ob sie zugestimmt hätte.

Später verselbständigte man die universitas ipsa zu einer eigenen, von
der Gesamtheit der Mitglieder verschiedenen Wesenheit[15]. Auch im Völkerrecht ist die eigene Rechtspersönlichkeit internationaler Organisationen anerkannt.

Der Organisationswille tritt damit allen Mitgliedern, auch denjenigen,
die mit dem Beschluß gestimmt haben, als ein fremder gegenüber. Als
Unterschied zwischen Mehrheits- und Minderheitsstaaten bleibt aber bestehen, daß der Organisationswille gebildet wurde, *weil* die Mehrheit ihn
wollte und *obgleich* die Minderheit ihn nicht wollte.

c) Rousseaus Theorie vom Gemeinwillen

Durch einen Kunstgriff der Logik hat Rousseau zu beweisen versucht,
daß der Mehrheitswille gleich dem auf das gemeinsame Interesse gerichteten Gemeinwillen (*volonté générale*) sei, der sich nur insoweit von der
den Gesamtwillen darstellenden Summe der Einzelwillen (*volonté de
tous*) unterscheide, als es dort bei einzelnen Mitgliedern, die zusammen
die Minderheit bilden, durch das Hinzutreten von deren Eigeninteressen

---

[12] Otto v. Gierke: Geschichte, S. 320.

[13] Vgl. die bei *Gierke* zitierten Stellen:
S. 313: Scaevola in l. 19 D ad municipalem (56, I): „Quid maior pars curiae
effecit pro eo habetur, ac si omnes egerint."
S. 321: Die Lehre der Postglossatoren besage: „nur wo das Gesetz eine Vielheit als universitas zusammenfasse, stelle es die Mehrheit Allen gleich, während überall wo eine Vielheit nur als Summe von Einzelnen gelte, der Widerspruch eines Einzigen die Übereinstimmung aller übrigen überwinde."
S. 322 f.: Auch die kanonistische Theorie habe gelehrt, daß bei allen negotia
universitatis kraft gesetzlicher Fiktion quod maior pars facit, totum facere
videtur.

[14] Friedrich *Berber:* Sicherheit und Gerechtigkeit, S. 17.

[15] Dies geschah zuerst im Sinne des kirchlichen Anstaltsbegriffes durch
Herausarbeitung der „*persona ficta*" durch Innocens IV., später der „*persona
moralis*" durch die Naturrechtslehrer, der „*juristischen Person*" durch Sa-
vigny oder der „*realen Gesamtperson*" durch Gierke (Überblick bei *Gierke,*
Geschichte, a.a.O., S. 325 ff.).

oder eine andere Konzeption der Gemeinschaftbelange zur Ausprägung
eines abweichenden Sonderwillens gekommen sei[16].

Die Bindungswirkung des Mehrheitsbeschlusses führt Rousseau nicht
auf den Willen der Einzelnen zurück, sondern ausschließlich darauf, daß
er den *Gemeinwillen* repräsentiere, „der das *gemeinsame Interesse* auf
eine vernünftige und gerechte Weise verfolge, da er das Besondere und
Zufällige der in ihm verschmolzenen Einzelwillen nicht in sich auf-
nehme"[17]. Die Willen der Einzelnen sind damit nur insofern relevant, als
sie zur Findung des Gemeinwillens notwendig sind. Die Sonderwillen der
Minderheiten heben sich im Rahmen dieses Vorganges überhaupt auf[18],
auch wenn sie aus gewissen persönlichen Einzelinteressen gerechtfertigt
sein mögen. Ihre Vertreter unterliegen auch nicht etwa einem Irrtum über
ihr „wahres" Eigeninteresse, sondern haben sich nur insofern getäuscht,
als sie etwas verkehrtes für den *Gemeinwillen* hielten[19].

In Übertragung Rousseauscher Gedanken auf das VR bezeichnet Rolin
als Grundlage von dessen Rechtsverbindlichkeit seine Übereinstimmung
mit dem allgemeinen Interesse der Menschheit, das von dem kollektiven
Gewissen als den nationalen Eigeninteressen gegenüber rechtlich vorran-
gig anerkannt ist[20].

Es gibt aber im VR keinen Grundsatz dahingehend, daß das Gemein-
interesse dem Einzelinteresse vorzugehen hat. Jede Organisationsform
trägt in sich ihren eigenen Wertungsmaßstab für die Abgrenzung von
Einzel- und Gemeinschaftsbelangen. Das Gemeinschaftsinteresse ist daher nie absolut übergeordnet. Außerdem ist gerade die VRs-Gemeinschaft
genossenschaftlich aufgebaut und geht damit auch bei der Bewältigung
von Gemeinschaftsaufgaben grundsätzlich von den Interessen ihrer einzelnen Mitglieder aus.

Es ist auch nicht gewährleistet, daß die Mehrheit wirklich Träger des
Gemeininteresses ist. Rousseau selbst spricht davon, daß sich durch Grup-
penbildung das Abstimmungsergebnis derartig verschieben kann, daß
der Mehrheitsbeschluß zum Durchsetzungsmittel von Sonderinteressen
einer starken Einzelgruppe wird[21].

---

[16] „Il y a souvent de la différence entre la volonté de tous et la volonté
générale; celle-ci ne regarde qu'à l'intérêt commun; l'autre regarde l'intérêt
privé, et n'est qu'une somme de volontés particulières: mais ôtez de ces
mêmes volontés les plus et les moins qui s'entredétruisent, reste pour somme
des différences la volonté générale." (Jean-Jacques *Rousseau*: Contrat Social,
Buch II, Kapitel III).

[17] *Gierke*: Geschichte a.a.O., S. 330.

[18] Vgl. oben, FN 16.

[19] *Rousseau*: Contrat Social, Buch IV, Kap. II.

[20] Henri *Rolin*: La Technique et les Principes du Droit Public, in: Etudes
en l'honneur de Georges Scelle, Bd. 2, 1950, S. 556.

[21] *Rousseau*: Contrat Social, Buch II, Kap. III.

Auch die überstimmte Minderheit kann nicht schlechthin als Vertreterin von Sonderinteressen hingestellt werden. So kann es vorkommen, daß sich in Mehrheit und Minderheit nur zwei verschiedene Ansichten über die bessere Wahrung des Gemeinschaftsinteresses gegenüberstehen[22]. Die Ansicht Rousseaus, daß in diesem Fall die Minderheit einem Irrtum unterliege, indem sie etwas falsches für den Gemeinwillen halte[23], verweist auf einen zweiten Gedanken, daß nämlich die Mehrheit nach objektiven Maßstäben betrachtet „richtiger" entscheide als die Minderheit.

d) Sachgerechtigkeit und Vernünftigkeit als „innere" Gründe der Verbindlichkeit

Auch die Kanonisten hatten als einen inneren Grund für die Verbindlichkeit von Mehrheitsbeschlüssen die Wahrscheinlichkeit angegeben, daß viele leichter als wenige das Richtige treffen werden: „*quia per plures melius veritas inquiritur.*"[24]

aa) Die Bedeutung einer Versachlichung des VRs

Dadurch, daß Art. 10, 11 SWHO bestimmt, daß die Staaten als ihre Vertreter in die WGVers. möglichst Fachleute auf dem Gebiet des Gesundheitswesens entsenden sollen, wird die Möglichkeit einer gründlichen Auseinandersetzung mit dem Beschlußthema und einer sachlich fundierten Entscheidung zweifellos erhöht.

Eine Rechtsverbindlichkeit „*aus der Güte der Vorschrift*" gibt es jedoch nicht. Eine Verhaltensregel wird nicht schon deshalb zum Rechtssatz, weil sie zweckentsprechend und „gut" ist.

Der Versuch, die zwischenstaatliche Zusammenarbeit zu versachlichen und in Teilbereichen nach technischen Gesichtspunkten zu organisieren, hat zwar zu einer weitgehenden, wenn auch rein begrifflich nie absolut erreichbaren Entpolitisierung einzelner Problemkreise geführt, damit aber nicht die rechtliche Grundlage, sondern nur eine „Grundvoraussetzung" für die Herausbildung „internationaler Gesetzgebung"[25] geschaffen. Die Stärkung der Stellung von Gemeinschaftsorganen wird nur erleichtert — nicht begründet — dadurch, daß einige Regelungen rein technischer Art, wie etwa die Entwerfung von Formblättern, die Festlegung

---

[22] Charles *De Visscher:* Quelques réflexions sur la règle de l'unanimité dans l'organisation internationale, in: Mélanges Ernest Mahaim, 1935, Bd. 2, S. 108.

[23] Vgl. oben FN 19.

[24] Innocencs IV., zit. in *Gierke:* Genossenschaftsrecht, Bd. III, S. 324, Anm. 246.

[25] Günter *Schulz:* Entwicklungsformen internationaler Gesetzgebung, S. 30.

von Standardisierungen, fachlichen Definitionen und einheitlichen Verfahren, ihrem Wesen nach die Interessen der Einzelstaaten nicht verletzen, da auch eine andere alternative Regelung sie nicht besser schützen würde und es nur auf die Vereinheitlichung überhaupt ankommt[26].

Auch bedeutet die Unterordnung unter die rein faktischen Autoritäten der Zweckmäßigkeit und Sachgerechtigkeit für die Staaten keinen schwerwiegenden Prestigeverlust[27].

So hält es Wolfgang Friedmann für charakteristisch, daß die WHO mit Sachfragen betraut ist, bei denen die Universalität und die technischen Aspekte der Materie den geteilten Interessen und einander bekämpfenden politischen und sozialen Wertungen gegenüber bei weitem das Übergewicht haben[28].

bb) Der Grundsatz der Effektivität und die soziologische Schule

Auch die Anhänger einer soziologischen Schule, die die Berechtigung einer Rechtsnorm aus ihrer Übereinstimmung mit den sozialen und faktischen Notwendigkeiten der Rechtsgemeinschaft und des zu regelnden Tatbestandes herleiten, verlangen zur Entstehung eines Rechtssatzes eine *Übersetzung* der Gebote der Notwendigkeit in die Welt des Rechtes[29]. Die Fähigkeit zur Übersetzung, wie auch das Verfahren selbst muß jedoch durch eine Rechtsnorm begründet werden.

In diesem Sinne bezeichnet auch Berber das VR als „Kodifikation des von der geschichtlichen Wirklichkeit geschaffenen Zustandes"[30].

Das VR schließt sich zwar als ein Recht, das unmittelbar auf dem Willen seiner Rechtssubjekte beruht, am engsten an den sozialen Unterbau an[31], erklärt aber damit die praktischen Bedürfnisse noch nicht zu seinen Geboten.

cc) Die fehlende Objektivität des Mehrheitsbeschlusses

Kann damit auf der einen Seite nicht davon ausgegangen werden, daß die sachliche Berechtigung einer Vorschrift allein schon dazu ausreicht,

---

[26] Vgl. Max *Huber*: Beiträge zur Kenntnis der soziologischen Grundlagen des VRs und der Staatengesellschaft, Jhrb. d. öffentl. Rechts d. Gegenwart, Bd. IV, (1910), S. 62: „In den zahllosen technischen Einzelheiten ist das Recht seinem soziologischen Untergrund gegenüber indifferent."

[27] Hartwig *Bülck* spricht von „funktionaler Autorität", d. h. von durch Sachaufgaben legitimierter Lenkungsbefugnis (Föderalismus als internationales Ordnungsprinzip, VVDStRL, Heft 21, S. 35, FN 97).

[28] Wolfgang *Friedmann*: The Changing Structure of International Law, 1964, S. 280.

[29] Vgl. Georges *Scelle*: Droit International Public, 1944, S. 504.

[30] Friedrich *Berber*: Epochen europäischer Gesamtordnung, Donaueuropa, Heft 10, Oktober 1942, S. 729 ff.

[31] *Huber*, a.a.O.

ihr den Charakter rechtlicher Verbindlichkeit zu verleihen, so muß andererseits auch in Zweifel gezogen werden, daß der Mehrheitsbeschluß als solcher das ideale Mittel ist, die für das allgemeine Interesse objektiv „bestmögliche" Regelung zu treffen.

Um die objektiv richtige Lösung zu finden, ließen die Kanonisten den einfachen Mehrheitsbeschluß nicht ausreichen. Sie verlangten vielmehr auch eine *Stimmenwägung* und forderten, daß sich bei der rein zahlenmäßigen Mehrheit gleichzeitig das Übergewicht der Stimmenwertigkeit befand, daß es sich also um die „*maior et sanior pars*" handelte[32]. Bei geheimen Wahlen, die ein Nachprüfen der „sanioritas" bei jeder Einzelstimme unmöglich machen, wird daher eine qualifizierte, $2/3$ Mehrheit gefordert, damit sich aus dem Gesamtresultat das Zusammenfallen von pars maior und par sanior ergeben könne[33].

„Bei dem Verdikt einer Jury", schreibt Georg Simmel in seinem Exkurs über die Überstimmung, „ruht die *Forderung ihrer Einstimmigkeit* ... auf der mehr oder minder unbewußt wirkenden Voraussetzung, daß die objektive Wahrheit auch immer subjektiv überzeugend sein müsse, und daß umgekehrt die Gleichheit der subjektiven Überzeugungen das Kennzeichen des objektiven Wahrheitsgehaltes sei. Ein bloßer Majoritätsbeschluß enthalte daher wahrscheinlich noch nicht die volle Wahrheit, da es ihm sonst gelungen sein müßte, die Gesamtheit der Stimmen auf sich zu vereinigen[34]."

Im Rahmen des Verfahrens nach Art. 21, 22 SWHO ist es auch nicht so sehr das Institut des Mehrheitsbeschlusses, das eine sachgerechte Lösung garantieren sollte, sondern das 40köpfige *Expertengremium*, das mit der Ausarbeitung der Vorschriften betraut wurde.

dd) Die Relativität des Gemeinwillens

Aber auch von der Interessenlage ausgehend ist der einfache Mehrheitsbeschluß weder das einzige noch das ideale Mittel zur Bildung eines Gemeinwillens.

Die gegen den Beschluß sprechenden Sonderinteressen der Minderheit können darin begründet sein, daß durch die neue Regelung einzelnen Gliedern mehr geschadet als genützt wird oder aber, daß sie diesen nur Belastungen bringt und überhaupt keine Vorteile, so daß hier auch nicht die Spur eines eigenen Interesses für den Beschluß spräche. Nicht immer

---

[32] *Gierke:* Geschichte, a.a.O., S. 323 und Genossenschaftsrecht, Bd. III, Neudruck 1954, S. 324 ff., 475.

[33] Vgl. bezüglich der Papstwahl: *Gierke:* Geschichte a.a.O., S. 324.

[34] Georg *Simmel:* Exkurs über die Überstimmung, in Soziologie, 1908, S. 186 bis 197 (S. 188).

muß daher der Gemeinwille bei allen Gliedern der Gemeinschaft wenigstens im Ansatz vorhanden sein.

Bezeichnet man als Gemeinwillen den auf das gemeinsame Ziel gerichteten Willen, der sich den Gesichtspunkten der Sonderinteressen gegenüber durchgesetzt hat, so ergibt sich ein solcher im Rahmen eines einzigen Beschlußverfahrens in einer Vielzahl verschiedener Abstufungen.

Zu jedem Beschlußthema gibt es verschiedene Möglichkeiten der Regelung als Ergebnisse verschiedener Kompromisse zwischen Allgemein- und Eigeninteresse.

Für jeden einzelnen Abstimmenden wird es einen bestimmten Punkt im Verhältnis von (allg.) Nutzen und (pers.) Nachteil geben, bei dem er noch zustimmt, von dem ab er aber seine Zustimmung verweigert.

Hinter die einzelnen Möglichkeiten, eine bestimmte Materie rechtlich zu regeln, wird sich daher — je nach dem Grad des Übergewichts von Vorteil über Nachteil, wie es sich jeweils in den Personen der Einzelnen konkretisiert — ein verschieden starker Teil der Abstimmenden stellen: Angefangen von ihrer Gesamtheit über eine qualifizierte und einfache Mehrheit, eine qualifizierte Minderheit oder nur einen einzigen bis hin zu gar keinem Befürworter mehr. Jeder dieser Teile vertritt damit eine eigene Abstufung des nur als *relativer Größe* vorstellbaren „Gemeinwillens"[35].

e) Der pragmatische Charakter des Mehrheitsbeschlusses und das Fehlen eines eigenen spezifisch ihm zugeordneten allgemeinen Prinzips, aus dem sich seine Verbindlichkeit herleiten ließe

Der Wille der einfachen Mehrheit ist damit nur ein Sonderfall, der kein allgemeines Prinzip darstellt und daher auch keine allgemeine Berechtigung beanspruchen kann[36]. Die für ihn angeführten allgemeinen Begrün-

---

[35] Nach Abschluß der Arbeit sei noch auf eine Feststellung des Philosophen Karl *Jaspers* hingewiesen, mit der dieser das umgekehrt proportionale Verhältnis unterstreicht, das zwischen Inhalt und Beteiligungsbasis all der einzelnen Willensäußerungen besteht, die zu einem bestimmten Beschlußthema möglich sind. (Karl *Jaspers*: Wohin treibt die Bundesrepublik, München 1966, S. 83): „ . . . wurde diese Einmütigkeit zum Ziel an sich. In der Tat schien die Zahl derer, die gemeinsam stimmen wollen, ständig zu wachsen, aber um den Preis, daß der Gegenstand, über den man einig ist, immer geringer wurde."

[36] Vgl. Edmund *Burke*, Edinburgh Review, 1852, S. 257 f., zit. in: John Gilbert *Heinberg:* Theories of Majority Rule, The American Political Science Review, Bd. 26, (1932), S. 465: „Apart from contract and constitutional arrangement, and ancestral and time-consolidated habit, the majority can have no more claim to decide for and control the minority than the minority can have to decide for and control the majority. There is no abstract principle on which such a claim can be based. The law of justice scouts it; the law of

dungen des Gemeinwillens und der objektiven Richtigkeit sprechen in weit größerem Ausmaß für das Erfordernis einer qualifizierten Mehrheit bzw. der Einstimmigkeit. Die Fülle seiner Ausnahmen widerlegt das Argument, die Verbindlichkeit des Mehrheitsentscheides sei „natürlich".

Auch Dean Acheson sprach als Vertreter eines Landes, in dem das Mehrheitsprinzip überwiegend als in gewissem Sinn „heiliges" Element der Demokratie angesehen wird[37], zu einer Zeit, als die USA sich noch auf eine klare Mehrheit in der UNO stützen konnten und daher häufig das Gewicht des Mehrheitsentscheides betonten, nur von der „Achtung" (respect) gegenüber dem Majoritätsprinzip, die im internationalen Leben ebenso grundlegend sei wie in der Demokratie[38], nicht aber von dessen rechtlicher Geltung.

Inis L. Claude warnt davor, den Mehrheitsentscheid in der Organisation des VRs vorschnell zur Regel werden zu lassen und schreibt über die Beschlüsse der VVers. der Vereinten Nationen:

„Majority Decisions in the equalitarian General Assembly are likely to be undemocratic in the sense that they do not represent a majority of the world's population, unrealistic in the sense that they do not reflect the greater portion of the world's real power, morally unimpressive in the sense that they cannot be identified as expressions of the dominant will of a genuine community and for all these reasons ineffectual and perhaps even dangerous[39]."

Das Institut des Mehrheitsentscheides stellt jedoch für den Einzelfall insofern einen geglückten *Kompromiß* dar, als es dem Erfordernis der Praxis Rechnung trägt, die Möglichkeit einer gültigen Entscheidung in jedem Fall zu sichern und dennoch die weitestgehende Rücksicht auf die

---

wisdom dreads it; the law of force, even, defies it almost oftener than it submits to it. A mere preponderance of numbers by no means implies preponderance either of capacity, of good intention, or even strength. Wisdom generally lies with the minority, fairness often, power not infrequently. There is, and can be, no law of nature, no axiom of eternal morals, in virtue of which three foolish men are entitled to bind and overpower two wise men, or three weak men two strong men. The truth we believe to be, that the claim so broadly made, and often so carelessly admitted — that the decisions of the majority shall be binding on the minority and shall have the force of law over all — is the mere result of tacit arrangement in the constitution of society; that the simple majority required at our hustings and in our Parliament, the positive or proportionate majority required in certain cases in America und France, the fixed majority required in Scotch juries, and the unanimity required in English ones — to give validity to the decisions of the respective bodies — are all alike matters of arrangement and not of natural right.

[37] John G. *Heinberg,* a.a.O., S. 452.

[38] zit. in Inis L. *Claude,* Jr.: Swords into plowshares, 3. Aufl., 1964, S. 116 mit Hinweis auf Dean Acheson, zit. in: The Pattern of Responsibility, hrsg. v. McGeorge Bundy, Boston 1952, S. 38.

[39] *Claude,* a.a.O., S. 119.

Sonderinteressen der einzelnen Abstimmenden zu nehmen, da diese bis zu dem Grad relevant sein sollen, zu dem sie das Zustandekommen des Beschlusses als solchen noch nicht verhindern können.

Es beruht nun auf einer zu weitgehenden Gleichsetzung von Verband und natürlicher Person, wenn verlangt wird, daß auch dieser immer in der Lage sein müsse, durch Mehrheitsbeschluß einen eigenen Willen zu bilden, und wenn versucht wird, dessen Berechtigung auf eine solche „Notwendigkeit" zu gründen[40].

Es hat zwar der Grundsatz, daß kein Staat ohne seine ausdrückliche Zustimmung völkerrechtlich verpflichtet werden kann, auf internationalen Konferenzen durch das Erfordernis der Einstimmigkeit zu dem praktischen Ergebnis eines „liberum veto" jedes Staates geführt[41], indem dort durch die Verweigerung des Placets eines Staates auch eine Regelung unter den übrigen verhindert zu werden drohte, doch darf nicht übersehen werden, daß auch die Nichterreichung der Einstimmigkeit oder einer qualifizierten Mehrheit ein Ausdruck des Organisationswillens ist.

f) Bildung und Verbindlichkeit des
verselbständigten Willens einer Gemeinschaft
als Elemente ihrer juristischen Organisation

Der einzelne Verband wird unter den verschiedenen Abstufungen des Gemeinwillens diejenige zum Ausdruck seines eigenen Willens machen und die Gültigkeit seiner Beschlüsse daher von der diese tragenden Mehrheit oder auch Minderheit[42] abhängig machen, die den angestrebten Ausgleich von Gemeinschafts- und Sonderinteressen am besten geeignet ist herbeizuführen.

Es ist daher die juristische Organisation der Gemeinschaft, die genau das Verfahren ihrer Willensbildung und den Grad der Verbindlichkeit festlegt, den dieser Wille gegenüber den Mitgliedern haben soll[43].

---

[40] Vgl. Stellen bei *Gierke*, Geschichte, a.a.O., S. 330.

[41] Albrecht *Schwarz-Liebermann v. Wahlendorf:* Mehrheitsentscheid und Stimmenwägung, S. 92 mit Hinweis auf W. *Koo:* Voting Procedures in International Political Organisations, S. 16 f.; *Claude*, a.a.O., S. 112.

[42] Eine Minderheit wird z. B. meist zur Stellung des Antrags ausreichen, eine bestimmte Frage auf die Tagesordnung zu setzen.

[43] So erklärte Dr. *Taba* (Iran), der als amtierender Präsident den Vorsitz über die 11. Vollversammlung der 4. WGVers. führte und daher die Annahme der IGO zu leiten hatte:
„Vorschriften der WHO werden nicht von Vertretern der einzelnen Vertragsparteien ausgehandelt und von ihnen unterschrieben. Sie werden von der Gesamtheit (collectivity) der Mitgliedstaaten der WHO angenommen, die in der Gesundheitsversammlung versammelt ist.
Es ist die Satzung selbst, durch ihren Art. 22, wie ausgeführt in Art. 106 IGO, die die Bedingungen festlegt, unter denen die angenommenen Vorschriften für die Mitgliedstaaten der Organisation in Kraft treten sollen."

g) Die rechtliche Grundlage der Organisationsnormen

Da damit aber die innere Berechtigung solcher Organisation noch nicht geklärt ist, ist es unzureichend, den Grund der Verbindlichkeit einfach auf das Wesen der Körperschaft zurückführen zu wollen.

Die Naturrechtslehrer gaben als Rechtsgrund für Mehrheitsbeschlüsse einen zwischen den Mitgliedern abgeschlossenen Gesellschaftsvertrag an[44].

Hier ist nun aus Art. 21, 22 SWHO zu ermitteln, ob die Organisation kraft neugeschaffener eigener, kraft übertragener oder nur in Ausübung einer bei den Mitgliedstaaten verbliebenen „Gewalt" die Bindungswirkung setzt.

Damit stellt sich die Frage, was für eine völkerrechtliche „Gewalt" beim Abschluß zwischenstaatlicher Verträge überhaupt ausgeübt und wirksam wird.

2. Die Verbindlichkeit des Mehrheitsbeschlusses nach Art. 21, 22 SWHO im besonderen: Ein Fall völkerrechtlicher Rechtsetzung? Kriterien einer vrn. Rechtsetzung im allgemeinen

In der besonderen Natur des VRs liegen die Schwierigkeiten begründet, die sich der Aufstellung von Kriterien dafür in den Weg stellen, ob und wann der Abschluß eines Vertrages einen vom Staatswillen getragenen Akt der Rechtsetzung darstellt.

Auf Grund seines genossenschaftlichen Charakters[45] ist die Begründung neuer vrr. Rechte und Pflichten durch bewußten Willensakt grundsätzlich nur durch Abschluß eines die Staaten bindenden Vertrages möglich, gleichgültig, ob eine einzelne Verfügung getroffen, die konkrete Verpflichtung oder Forderung eines bestimmten Staates festlegt oder ob eine abstrakte Verhaltensregelung für mehrere, viele oder annähernd alle Staaten geschaffen werden soll.

Einerseits ist es oft die Aufgabe allgemeiner Regelung, die im innerstaatlichen Bereich dem verfassungsmäßigen Gesetzgeber zufällt, die mangels einer entsprechenden Organisation auf zwischenstaatlichem Gebiet im VR von den Staaten selbst in der Form eines Vertragschlusses wahrgenommen werden muß. Auf der anderen Seite scheint jedoch das

---

[44] Vgl. *Gierke:* Geschichte, a.a.O., S. 329 mit Hinweis auf *Grotius:* De iure belli ac pacis II.c.5, § 17 und auf *Hobbes, Locke, Ulrich Huber, Pufendorf, Thomasius, Christian Wolff, Nettelbladt* und *Achenwall*, auf *Rousseau* und *Kant*.

[45] Vgl. oben, Drittes Kap., B I, FN 1, 2 u. dazugehöriger Text.

in der Natur des Vertrages liegende subjektive Element einer Setzung objektiven Rechts zu widersprechen.

a) Materielle Gesichtspunkte

Die Unterscheidung der völkerrechtlichen Verträge in *rechtsetzende*, die neues objektives Recht schaffen, und *rechtsgeschäftliche*, die nur subjektive Rechte und Pflichten begründen, geht auf Bergbohm[46] und auf Triepel zurück, der zwischen Vereinbarungen und Verträgen trennt[47], und in Frankreich auf Renault, der die beiden Vertragsgruppen als „traités-lois" bzw. „traités-contrats" bezeichnete[48]. Nach Lauterpacht[49] ist es hauptsächlich Oppenheim gewesen, der durch seine 1921 ins Englische übersetzte Schrift: „Die Zukunft des Völkerrechts"[50] die englische Lehre mit diesem Konzept vertraut machte.

Bergbohm stellt auf den Inhalt der äußerlich in gleicher Form abgeschlossenen Verträge ab und rechnet zu den rechtsetzenden nur solche, die abstrakte und gemeinsame Normen festlegen[51]. Triepel verlangt, daß es Zweck solcher nicht auf einen Einzelfall bezogener Normen sein soll, durch Verpflichtung der Staaten zu gleichem Handeln der Wahrung gleicher, gemeinsamer Interessen zu dienen[52], Maurice Bourquin, eine unpersönliche und objektive Rechtslage zu setzen. Der Vertrag sei dann Form und Urkunde (instrument), der Gehalt (fond) ein legislativer Akt[53].

Neben der gemeinsamen Interessenlage lassen sich als weitere Unterscheidungskriterien noch andere sog. „indirekte, materielle Quellen"[54] oder besser „Entstehungsgründe"[55] des Rechts (origins) nennen, die ihrer Natur nach weniger zum Abschluß von Rechtsgeschäften als zur Schaffung objektiven Rechts führen.

---

[46] Carl *Bergbohm:* Staatsverträge und Gesetze als Quellen des Völkerrechts, 1877, S. 79, 81.

[47] Heinrich *Triepel:* VR und Landesrecht, 1899, S. 70.

[48] Louis *Renault:* Introduction à l'Etude de Droit International, Paris 1879, S. 34, § 27 (zit. in Marcel *Sibert:* Traité de Droit International Public, 1951, II, S. 183).

[49] Hersch *Lauterpacht:* Private Law Sources and Analogies of International Law, 1927, § 70.

[50] In Festschrift für Binding, Leipzig 1911.

[51] *Bergbohm,* a.a.O., S. 81.

[52] *Triepel,* a.a.O., S. 68.

[53] Maurice *Bourquin:* Règles Générales du Droit International de la Paix, RC, Bd. 35, (1931 I), S. 56.

[54] Sir Gerald *Fitzmaurice:* Some Problems regarding the Formal Sources of International Law, Symbolae Verzijl, 1958, S. 153.

[55] P. E. *Corbett:* The Consent of States and the Sources of the Law of Nations, in BYIL, Bd. VI, (1925), S. 30.

So nennt Anzilotti als einen Hauptgrund für die Vereinbarungen der Staaten ideale Gerechtigkeitsforderungen, die in einem gegebenen Moment im Gesellschaftsbewußtsein auftauchen[56].

Auch die Notwendigkeit zu einem bestimmten allgemeinen Verhalten fordert zur Schaffung objektiver Rechtsnormen auf und stellt daher eines der Elemente dar, die zur Entstehung von Gewohnheitsrecht führen. Scelle macht den Charakter einer Norm als objektives Recht allein davon abhängig, daß es sich bei ihr um eine Übersetzung sozialer Solidarität handelt, d. h., daß sie im Einklang steht mit der sozialen Wirklichkeit und ihre Berechtigung aus deren Erfordernissen herleitet[57]. Gareis spricht von einem neben dem VGR stehenden notwendigen VR, das seine Geltung nicht auf Gewohnheit oder Vertrag, sondern allein auf die Anerkennung, seiner „Notwendigkeit" stützt[58]. Bluntschli setzt die Begriffe objektives und notwendiges VR überhaupt gleich[59].

b) Formelle Gesichtspunkte: Rechtswirkung kraft Willens, nicht kraft Gesetzes

Eine solche Unterscheidung der völkerrechtlichen Verträge nach inhaltlichen, materiellen Kriterien kann einen verschiedenen Rechtscharakter der beiden Vertragsarten nur dann begründen, wenn sich das formelle, äußerlich gleiche Abschlußverfahren der materiellen Unterscheidung entspechend bei der einen Vertragsgruppe als *Rechtsetzungsakt* und bei der anderen als *Rechtsgeschäft* darstellt. Beim Rechtsetzungsakt ist es der rechtsetzende Wille, der unmittelbar objektives Recht schafft. Beim Rechtsgeschäft tritt die gewollte Rechtsbeziehung zwischen den Parteien nicht unmittelbar auf Grund ihres Willens ein, sondern weil sie von der Rechtsordnung als Rechtsfolge an den Tatbestand der Erklärung eines rechtsgeschäftlichen Willens geknüpft ist.

Es tritt also einmal die *Rechtswirkung kraft Willens* ein und einmal — unter der Voraussetzung eines erklärten Willens — *kraft Gesetzes*[60].

Andererseits bleibt jedoch zu berücksichtigen, daß ein Rechtsetzungsorgan zwar kraft eigenen Willens Recht setzt, daß aber die Rechtsetzungsfähigkeit wiederum ihm durch die Verfassung zugeordnet ist.

Diese sehr theoretische und nuancierte Unterscheidung in der Begründung der Rechtsverbindlichkeit trifft nun auf dem Gebiet des vrn. Vertrages auf beachtliche Schwierigkeiten.

---

[56] Dionisio *Anzilotti*, Lehrbuch des VRs, 1929, S. 48.
[57] Georges *Scelle:* Précis de Droit des Gens, Teil 1, 1932, S. 6.
[58] Karl *Gareis:* Institutionen des Völkerrechts, 2. Aufl., 1901, S. 33.
[59] J. C. *Bluntschli:* Das moderne VR der civilisirten Staten, 1872, § 13, S. 59.
[60] Vgl. Gustav *Radbruch:* Rechtsphilosophie, 4. Aufl., 1950, S. 244 (zit. in Friedrich *Berber:* Lehrb. d. VRs, I, S. 413).

aa) Voluntaristische Völkerrechtstheorien

Grundsätzlich auf den Willen der Staaten wird die Rechtsverbindlichkeit der Verträge einmal von jenen Völkerrechtslehrern gegründet, die sowohl Vertragsrecht als auch Gewohnheitsrecht auf den Willen der Einzelstaaten als Quelle allen VRs schlechthin zurückführen.

Hierzu gehören als voluntaristische VRstheorien die namentlich in Deutschland verbreitet gewesene und auf Hegel zurückführende Lehre von der Selbstbindung der Staaten und die in England entwickelte, in neuerer Zeit von Oppenheim weiter ausgebaute Konsenstheorie.

α) Die Selbstbindungstheorie

Für Hegel ergibt sich aus der Geltung des Souveränitätsprinzips, daß der Wille der Einzelstaaten immer nur rechtsetzend in Erscheinung tritt und bei jeder vertragsmäßigen Änderung zwischenstaatlicher Rechtsbeziehungen äußeres Staatsrecht schafft, da die Rechte der Staaten zueinander ihre „Wirklichkeit" nicht in einem als Macht über ihnen konstituierten Willen haben, sondern in dem eigenen besonderen Willen der Staaten selbst[61].

Bergbohm überträgt die von ihm nach materiellen Gesichtspunkten vorgenommene Unterscheidung auch auf den formellen Bereich des Vertragsschlusses und erklärt, ohne allerdings eine weitere Begründung zu geben, die Einzelstaaten würden beim Abschluß rechtsetzender Verträge als Rechtsetzungsorgane tätig, beim Abschluß von rechtsgeschäftlichen Verträgen dagegen nur als Rechtssubjekte unter dem Recht[62].

Gegen diese *theoretische Aufsplitterung des formell gleichen Verfahrens* beim Vertragschluß in zwei völlig verschiedene, einander entgegengesetzte Rechtsinstitute wendet sich E. Kaufmann[63]. Er faßt das VR als „Individualrecht" auf, das durch den Willensakt der Einzelstaaten auf Grund ihrer besonderen Eigenschaft als sich selbst verpflichtender Subjekte gesetzt wird[64]. Der Unterschied zwischen Rechtsatz und Rechtsgeschäft sei ein relativer und bestehe nur darin, „daß über den Rechtsgeschäften noch objektive Rechtssätze stehen, nach denen sich die Voraussetzungen und Wirkungen der Rechtsgeschäfte ‚richten' sollen"[65], wobei der hinter dem übergeordneten Rechtssatz stehende Wille ein

---

[61] Georg Wilhelm Friedrich *Hegel:* Grundlinien der Philosophie des Rechts, 2. Aufl., 1921, §§ 330, 333.

[62] Carl *Bergbohm,* a.a.O., S. 80, 81.

[63] Erich *Kaufmann:* Das Wesen des VRs und die Clausula rebus sic stantibus, 1911.

[64] a.a.O., S. 63.

[65] a.a.O., S. 167.

anderer sein müsse als der im Rechtsgeschäft zum Ausdruck kommende. Mangels einer solchen, nur im Subordinationsrecht auftretenden „Hierarchie von ermächtigenden Willen" auf der höchsten Stufe einer Rechtsordnung fielen im VR als einem Koordinationsrecht Rechtssatz und Rechtsgeschäft zusammen. Damit stelle jeder völkerrechtliche Vertrag ohne die von Bergbohm und Triepel gemachten Ausnahmen einen Akt der Rechtsetzung dar, zugleich aber auch ein Rechtsgeschäft[66]. Daß es Kaufmann mit seiner Lehre von der *Doppelnatur* der Verträge vor allem darauf ankam, ihren einheitlichen Rechtscharakter zu betonen und ihre Aufsplitterung in zwei Gruppen mit unterschiedlicher Rechtsnatur zu verhindern, ergibt sich auch daraus, daß er die Auffassung von Gareis[67], daß alle völkerrechtlichen Verträge ausschließlich Rechtsgeschäfte seien, von dessen Standpunkt aus für vertretbar hält[68], daß nämlich alle Verträge nicht auf Grund des einzelstaatlichen Willens Rechtsverbindlichkeit erlangen, sondern auf Grund eines Satzes des notwendigen, objektiven VRs, der besagt, daß völkerrechtliche Verträge bindend seien.

β) Die Konsenstheorie

Die Konsenslehre führt die Geltung des VRs auf die im Konsens zum Ausdruck kommende *Zustimmung der Staaten* zurück. Sie geht davon aus, daß die Staaten freie Rechtspersönlichkeiten sind, über denen es keine übergeordnete Souveränität und damit keinen Gesetzgeber gibt. Da die Staaten nicht gegen ihren Willen durch Rechtsnormen gebunden werden können, läßt erst ihre Zustimmung eine rechtliche Verpflichtung entstehen. „Dieser ‚consent' ist damit das eigentlich rechtschöpfende Moment der VRs-Geltung[69]."

In dem Entwurf zu einer Kodifikation des Vertragsrechts, den Sir Gerald Fitzmaurice am 14. 3. 56 im Rahmen eines ersten Berichtes der International Law Commission vorgelegt hat[70], heißt es in Art. 4 Abs. 1: „Die Grundlage der Vertragsverpflichtung ist Einverständnis (consent) verbunden mit dem rechtlichen Grundprinzip, daß Einverständnis Verpflichtung erzeugt[71]."

---

[66] Auch *Gierke* erklärt, daß sich bei der bewußten Rechtserzeugung im Rahmen einer Genossenschaft Momente des Legislativaktes und des bloßen Rechtsgeschäftes miteinander vermischen (Genossenschaftsrecht, Bd. II, 1954, S. 466; zit. auch bei *Berber*: Lehrb. d. VR., Bd. I, § 3, S. 24).

[67] Karl *Gareis:* Institutionen des VRs, S. 34 b.).

[68] *Kaufmann,* a.a.O., S. 170, FN 1.

[69] Eberhard *Menzel:* Die englische Lehre vom Wesen der Völkerrechtsnorm, 1942, S. 110.

[70] A/CN 4/101 abgedr. in Yearb. ILC, 1956 II, S. 104 ff.

[71] Übersetzung nach Friedrich *Berber:* Lehrb. d. VRs, Bd. I, S. 413.

Zu der Beziehung, in der „Einverständnis" und „Grundprinzip" zueinander stehen, schreibt Fitzmaurice an anderer Stelle[72], das Einverständnis schaffe die Rechtsnorm nicht selbst, es sei nicht Quelle der Verbindlichkeit. Die vereinbarten Normen erhielten vielmehr ihren verbindlichen Charakter durch die außerhalb des Vertrages in dem Satz „pacta sunt servanda" (pss) ausgedrückte allgemeine Regel, daß Einverständnis den Vertrag bindend mache. Fitzmaurice sieht damit in allen Verträgen einheitlich nur Rechtsgeschäfte und keine Rechtsetzungsakte[73].

Anglo-amerikanische Schriftsteller klammern daher — im Gegensatz zur kontinentaleuropäischen Lehre — die Verträge oft ganz aus dem Begriff des „International Law" aus[74].

So sind auch nach O'Connell Verträge (treaties) keine Quellen des VRs, sondern nur Vereinbarungen (contracts) zwischen den Parteien. Aus ihrem Inhalt lasse sich VR nur ermitteln, wenn sie Zeichen einer Gewohnheitsrecht begründenden Übung seien. Die Rolle eines multilateralen Vertrages bei der Bildung von Gewohnheitsrecht bestehe allerdings darin, daß die in ihm enthaltene Regelung wegen ihrer moralischen Überzeugungskraft und dem politischen Druck, der ihrer Annahme zugrundeliege, sofort oder fast sofort aus dem Bereich des Vertrages in den des Gewohnheitsrechtes übersetzt werde[75].

Oppenheim, der die ersten Jahre seines völkerrechtlichen Wirkens in Deutschland verbracht hatte, unterscheidet zwar in der dritten Auflage seines International Law, die von Ronald F. Roxburgh 1920 kurz nach dem Tode des Autors ohne Einarbeitung eigener Gedanken[76] herausgegeben wurde, zwischen law-making treaties und solchen, die zu anderem Zweck abgeschlossen sind, und bezeichnet allein die law-making treaties als Quelle von VR[77]. Er nennt die völkerrechtliche Vereinbarung im Gegensatz zum gewohnheitsrechtlich entstehenden Recht eine direkte, bewußte und beabsichtigte Rechtsetzung[78]. Was Oppenheim hier unter Rechtsetzung versteht und welcher Art somit

---

[72] Sir Gerald *Fitzmaurice*: The General Principles of International Law considered from the Standpoint ot the Rule of Law, RC, Bd. 92, (1957 II), S. 43.

[73] So ausdrücklich in: Some Problems Regarding the Formal Sources, a.a.O., S. 157.

[74] Diese Tendenz wird hervorgehoben von *Berber*, a.a.O., S. 64 mit FN 1, und von Herbert W. *Briggs*: The Law of Nations, 2. Aufl., 1953, S. 46, mit Hinweis auf Ruth D. *Masters*: International Law in National Courts, 1932, S. 18, und von Philip C. *Jessup*: A modern Law of Nations, 1949, S. 124.

[75] Daniel P. *O'Connell*: International Law, 1965, Bd. I, S. 22, 25.

[76] Lassa *Oppenheim*: International Law, 3. Aufl., 1920, Vorwort, S. IX.

[77] a.a.O., § 18, S. 22; § 492, S. 654.

[78] Lassa *Oppenheim*: Die Zukunft des VRs, Festschrift für Binding, 1911, S. 163.

der Vertragswille der Staaten ist, ergibt sich jedoch aus seiner Ansicht, daß Verträge verbindlich sind, weil eine dahingehende Norm des VGRs bestehe[79], die er als anderer Ansicht der Lehre gegenüberstellt, daß die Bindungswirkung auf den staatlichen Willen zurückzuführen sei[80]. Nach Oppenheim beruhen damit alle Verträge nicht auf dem rechtsetzenden Willen der Staaten, sondern auf einer Norm des VGRs.

In der von Lauterpacht herausgegebenen 8. Auflage wird die Unterscheidung zwischen law-making treaties und solchen, die zu anderem Zweck abgeschlossen sind, zwar wiederholt, sie wird aber als „theoretisch falsch“ bezeichnet und der Charakter einer „source of law“ wird nicht mehr auf die law-making treaties beschränkt[81]. Hier werden vielmehr beide Vertragsarten insofern als in gleicher Weise rechtsetzend bezeichnet, als sie beide Verhaltensregeln niederlegen, die die Parteien gebunden sind, als Recht zu befolgen.

Dies entspricht der schon früher von Lauterpacht geäußerten Ansicht, daß durch jeden Vertrag Recht für die Parteien und nur für diese gesetzt werde[82]. Lauterpacht lehnt daher die Bergbohmsche Lehre ab, da die einigen Verträgen die Eigenschaft abspreche, Rechtsquelle zu sein. In welcher Weise der Wille der Vertragsstaaten jedoch „Recht“ für die Parteien schaffen soll, ergibt sich aus folgender Klarstellung:

Wie der privatrechtliche Vertrag unter dem innerstaatlichen Recht, so stehe der völkerrechtliche Vertrag unter der Norm pss, so daß die Erklärung des staatlichen Willens nur die Bedingung dafür sei, daß die Bindungswirkung auf Grund dieser Norm des VGRs eintrete[83].

Corbett bezeichnet das Einverständnis der Staaten als formelle Rechtsquelle[84], da es das „sine qua non“ jeder Regel dieses Rechtssystems sei. Auch er entscheidet sich damit gegen die Bergbohmsche Aufteilung und sieht wegen der Bedeutung des Willens der Staaten alle Verträge als rechtsetzend an.

Auch Arnold Mc Nair führt die Geltung der Verträge auf den erklärten Willen der Staaten zurück, schreibt aber[85], es spiele für seinen Standpunkt keine Rolle, ob der Konsens der Vertragsparteien als Grund oder

---

[79] Int. Law, a.a.O., § 493, S. 665.

[80] Int. Law, a.a.O., § 493, S. 654.

[81] Int. Law, 8. Aufl. 1955, § 18, S. 27 Anm. 4; § 492, S. 879.

[82] Hersch *Lauterpacht:* Private Law Sources and Analogies of International Law, 1927, § 70, S. 158.

[83] a.a.O., § 25, S. 56, 57.

[84] P. E. *Corbett:* The Consent of States and the Sources of the Law of Nations, BYIL, Bd. VI, (1925), S. 23.

[85] Arnold D. *Mc Nair:* The functions and differing legal character of treaties, BYIL, Bd. XI, (1930), S. 106, FN. 3.

— wie bei Lauterpacht — nur als Bedingung für die Rechtsverbindlichkeit der Verträge anzusehen sei.

Nach Berber bestimmt das Gewohnheitsrecht zwar die Bedingungen
und Grenzen der Rechtsverbindlichkeit der Verträge[86], die auf dem
VGRs-Satz pss beruht[87], doch könne diese Norm nicht die Rolle eines
über den Verträgen als Rechtsgeschäften stehenden Gesetzes spielen, das
erst den Willenserklärungen der Staaten Bindungswirkung verleiht, da
auch das Gewohnheitsrecht auf dem Konsens der Staaten beruhe[86]. Das
Bindungselement liege vielmehr in der Definition des Vertrages selbst,
unter dem im VR gewohnheitsrechtlich eine bindende Willenseinigung
im Gegensatz zum nichtbindenden Gedankenaustausch verstanden werde.
Im Gegensatz zu der Bergbohm-Triepelschen Unterscheidung spricht
Berber vom „Doppelantlitz" der Verträge[88], da sie alle gleichzeitig
Rechtsgeschäft und Rechtsetzungsakt seien.

bb) Objektivistische Völkerrechtstheorien

Auch im Rahmen der objektivistischen Theorien, die die Verbindlichkeit des VRs aus einer vom Willen der Staaten unabhängigen und über
ihn hinausgehenden objektiven Grundnorm oder materiellen Situation
erklären, sind *theoretisch alle Möglichkeiten denkbar.*

Die dem Recht zugrundeliegende Ausgangsnorm oder Lage kann den
Einzelstaaten Rechtsetzungsbefugnis zusprechen, die sie durch den Abschluß von Verträgen jeder Art — oder nur der sog. rechtsetzenden —
ausüben, oder es kann der Gedanke, daß die Einzelstaaten rechtsetzend
tätig werden können, überhaupt abgelehnt werden, so daß in allen Verträgen nur noch Rechtsgeschäfte zu sehen wären.

Bluntschli klammert aus den — dann nur noch rechtsgeschäftlichen
— Verträgen diejenigen aus, die notwendiges VR enthalten. Dieses werde
nicht erst durch den Vertrag begründet, sondern in ihm nur anerkannt
und bestätigt[89]. In einem solchen Vertrag komme nicht der staatliche Ver-
pflichtungswille zum Ausdruck, sondern eine Rechtsüberzeugung, die
auch durch den Widerspruch eines einzelnen Staates nicht beseitigt
werde[90]. Daher sei notwendiges VR — wenn sonst allgemein Einigkeit
über seinen Rechtscharakter bestehe[91] — auch gegenüber solchen Staaten

---

[86] Friedrich *Berber:* Lehrb. d. VRs, Bd. I, S. 414.

[87] a.a.O., § 6, S. 62.

[88] a.a.O., S. 415.

[89] I. C. *Bluntschli:* Das moderne VR der civilisirten Staten, 2. Aufl., 1872,
S. 63, § 12, Ziff. 2.

[90] a.a.O., S. 63, § 13, Ziff. 2.

[91] Voraussetzungen, die sich aus dem Zusammenhang ergeben.

verbindlich, die sich nicht erklärt oder sogar widersprochen hätten. Würde daher auf einem allgemeinen europäischen Kongress Einigkeit erzielt werden über gewisse — notwendige[91] — Vorschriften, so seien diese auch für die nicht erschienenen Staaten verbindlich[92].

Blutschli geht damit von einem Begriff des VRs aus, der die Möglichkeit vrr. Rechtsetzung insofern in unzulässiger Weise erweitert, als er die Schaffung von nicht durch Vertrag begründetem und über den Kreis von Vertragsparteien hinaus verbindlichem VR nicht an die einengenden Voraussetzungen der Entstehung von Gewohnheitsrecht knüpft.

Gareis sieht im Gegensatz zu Blutschli alle Verträge als unter dem notwendigen Recht stehende Rechtsgeschäfte an[93].

Scelle unterscheidet zwar zwischen rechtsetzenden und rechtsgeschäftlichen Verträgen[94], führt aber auch die Geltung der in den rechtsetzenden Verträgen festgelegten objektiven Rechtsnormen nicht auf einen besonderen, vom rechtsgeschäftlichen verschiedenen Willen der Staaten zurück, sondern auf die soziale Wirklichkeit und ihre Forderungen, die vom rechtsetzenden Willen nur in die Welt der rechtlichen Regelung zu übersetzen sind[95].

Nach Guggenheim spielen die Verträge eine große Rolle als Ergebnis autonomer Rechtsetzung durch die Staaten[96]. Ihre bindende Kraft erhalten aber alle Verträge nicht aus der vertraglichen Willenseinigung, sondern aus dem Satz pss[97].

Kelsen dagegen faßt die von ihm entwickelte Grundnorm pss als *Verfassungsnorm „im rechtslogischen Sinne"* auf, die den Staaten die Eigenschaft vrr. Rechtsetzungsorgane zubillige[98]. Jeder Vertrag sei damit insofern ein Akt der Rechtsetzung, als er neues Recht erzeuge, gleichzeitig aber ein Fall der Anwendung alten, übergeordneten Rechtes, nämlich der Grundnorm, und somit auch Rechtsgeschäft.

Auch Anzilotti geht von dem Satz pss als einer Urnorm[99] aus und bezeichnet alle Verträge als Akte der Rechtsetzung[100].

---

[92] *Bluntschli*, a.a.O., S. 109, § 110.
[93] Karl *Gareis:* Institutionen des VRs, 2. Aufl., 1901, S. 34 b.
[94] George *Scelle:* Droit Internat. Publ., 1944, S. 469.
[95] a.a.O., S. 504; ders.: Précis de Droit des Gens, Teil 1, S. 6.
[96] Paul *Guggenheim:* Traité de Droit International Public, Bd. 1, 1953, S. 56.
[97] a.a.O., S. 57.
[98] Hans *Kelsen:* Das Problem der Souveränität und die Theorie des VRs, 2. Aufl., 1928, S. 261.
[99] Dionisio *Anzilotti:* Lehrb. d. VRs., 1929, S. 50.
[100] a.a.O., S. 48.

Verdross sieht den Verpflichtungsgrund des VRs gleichfalls in einer übergeordneten Norm, die dem Naturrecht entstamme[101]. Er unterscheidet aber — abstellend auf die Abstraktheit und Allgemeinheit der Regelung — zwischen (rechtsetzenden) Vereinbarungen und Rechtsgeschäften, die nur beide in derselben Form vorgenommen würden[102].

V. d. Heydte erklärt eine Unterscheidung von rechtsetzenden und rechtsgeschäftlichen Verträgen überhaupt für wenig sinnvoll, da doch für beide Vertragsarten die gleichen Normen gälten[103].

Nach Dahm sind zwar alle Verträge insofern law-making treaties, als sie alle Regeln aufstellen, die für das zukünftige Verhalten der Parteien verbindlich sind, andererseits begründeten sie aber in der Regel nur Rechte und Pflichten unter den Parteien[104]. Nur wenn die Zahl der Vertragsstaaten eine „Quasi-Einstimmigkeit" repräsentierte, die zur Bildung von Gewohnheitsrecht ausreichte, so müsse dies analogerweise zu einem Akt unmittelbarer Setzung objektiven Rechts ausreichen[105].

cc) Zusammenfassende Beantwortung der Frage
ob der staatliche Wille beim Abschluß vrr. Verträge
rechtsetzend oder rechtsgeschäftlich tätig wird

Die theoretische, alternativ gestellte Frage, ob der Wille der Einzelstaaten selbst Recht erzeugen kann, oder ob seiner Erklärung die Rechtsbindungswirkung erst von einer VRs-Norm verliehen wird, führt am Kern der Problematik vorbei. Denn einmal muß sich auch die Rechtsetzungsfähigkeit der Staatswillen auf eine Norm des VVerfRs zurückführen. Als solche muß sich andererseits aber auch der Satz darstellen, auf den die übrigen Theorien die Bindungswirkung der Verträge gründen wollen[106]. Die gegenteilige Ansicht und damit die Ablehnung der Möglichkeit, daß die Staaten selbst rechtsetzend tätig werden können, wird der vrn. Praxis theoretisch nicht gerecht und muß im Verdacht stehen, sich in unzulässiger Weise am Bild der innerstaatlichen Gesetzgebung zu orientieren.

Auch in der angelsächsischen Lehre erheben sich Stimmen, in den Begriff des VRs nicht nur, wie üblich, das Gewohnheitsrecht, sondern, entsprechend der kontinentaleuropäischen Terminologie, auch die Verträge einzubeziehen[107].

---

[101] Alfred *Verdross*, VR, 5. Aufl., 1964, S. 106.
[102] a.a.O., S. 143.
[103] Friedrich August *v. d. Heydte*, VR I, 1958, S. 69.
[104] Georg *Dahm*: VR, Bd. I, 1958, S. 21.
[105] a.a.O., S. 23.
[106] Vgl. ausdrücklich *Kelsen*, zit. oben, FN 98 u. zugehöriger Text.
[107] Ruth D. *Masters*, Herbert W. *Briggs*, Philip C. *Jessup*, a.a.O. (vgl. oben, FN 74).

Wenn man dem einzelstaatlichen Willen aber Rechtsetzungsfähigkeit zubilligt, dann kann die Ausübung dieser Befugnis nicht vom materiellen Charakter der Vereinbarung abhängig gemacht werden. Vielmehr wird dann durch beide Arten von Verträgen, da sie im gleichen Verfahren, durch Erklärung des gleichen Willens abgeschlossen werden, das *gleiche Recht im formellen Sinn* gesetzt.

Zur Frage, in welcher Form die staatlichen Willen rechtsetzend auftreten können, ergibt sich, daß es sich hierbei nicht um den aus dem Zusammenhang des Vertragsschlusses herausgelösten und verselbständigten Einzelwillen handeln kann. Dieser muß als rechtsetzender Wille im VR ausscheiden, da eine Vielzahl solcher Willen nur zu einer ebensolchen Vielzahl von selbständigen, wenn auch weitgehend inhaltsgleichen Systemen von äußerem Staatsrecht[108] führt, wodurch die Existenz einer umfassenden Völkerrechtsordnung abgelehnt würde.

c) Die Bildung eines eine Rechtsgemeinschaft umfassenden Rechtsetzungswillens

aa) Der durch Willensintegration gebildete Gemeinwille

Rechtsetzungswille kann nur ein solcher Wille sein, der befugt ist, ein gemeinsames Recht für alle diejenigen zu setzen, die daran gebunden sein sollen. Nur wenn sich beim Abschluß eines völkerrechtlichen Vertrages ein Wille bildet, auf den die vertragliche Bindung aller Parteien gleichermaßen zurückgeführt werden kann, kann hier von einem Fall der Rechtsetzung gesprochen werden.

Triepel sieht einen solchen Willen in dem Gemeinwillen[109] der Vertragsstaaten. Dieser könne sich aber aus den einzelnen Staatswillen nur bilden, wenn aus gleichen Interessen heraus gleiches Verhalten vereinbart werden soll. Triepel geht damit bei seiner Unterscheidung[110] zwischen Vereinbarungen und rechtsgeschäftlichen Verträgen mit der Frage, wann solch ein Gemeinwille entstehen könne, — im Gegensatz zu Bergbohm — nicht von materiellen, sondern von formellen Gesichtspunkten aus.

---

[108] Erich *Kaufmann:* Wesen d. VRs, S. 63 spricht daher vom VR als einem „Individualrecht".

[109] Heinrich *Triepel:* VR und Landesrecht, S. 32.
Der *Triepel*sche Gemeinwillen entsteht im Wege eines Gesamtaktes durch Integration gleichlautender Einzelwillen. Er unterscheidet sich insofern von dem gleichlautenden Begriff, der als deutsche Übersetzung der *Rousseau*schen volonté générale verwendet wird (vgl. oben, Drittes Kap., B III 1 c). Im weiteren Verlauf der vorliegenden Arbeit wird der Terminus „Gemeinwillen" in der *Triepel*schen Bedeutung benützt werden.

[110] Das *Triepel*sche Unterscheidungskriterium hat auch Giulio *Diena* übernommen: Diritto Internazionale, Bd. I, 1908, § 3, S. 6 und § 5 b, S. 13 f.

Auch im Rahmen der Konsenstheorie finden sich Anhaltspunkte dafür, daß die Betonung der im Konsens enthaltenen einzelstaatlichen Zustimmung etwas zurücktritt und mehr auf die Willens*einigung* als Grundlage der vertraglichen Verpflichtung hingewiesen wird. So entwickelte sich der Begriff des „common consent", der aber mehr im rechtsgeschäftlichen Sinne verwendet wird[111], während der „general consent" Fitzmaurices[112] und der „collective consent" Jenks[113] mit dem Triepelschen Gemeinwillen gleichzusetzen sind.

Berber begrüßt an der Theorie Triepels, daß diese das VR nicht mehr als äußeres Staatsrecht darstelle[114]. Er weist aber zusammen mit Kaufmann darauf hin[115], daß Rechtssatz und Rechtsgeschäft auf den obersten Stufen der Rechtsordnung — wegen des Fehlens einer „Hierarchie von Willen" — zusammenfallen. Kaufmann stellt außerdem heraus, daß auch bei Austauschverträgen inhaltsgleiche Willen erklärt werden, da hier die Gegenleistung in den eigenen Vertragswillen aufgenommen wird, so daß die Bildung eines Gemeinwillens bei allen Verträgen möglich ist[116].

Gewisse Schwierigkeiten ergeben sich nun daraus, daß es für die Bildung eines solchen Gemeinwillens durch Gesamtakt keinerlei äußere Anhaltspunkte gibt. Jenks bezeichnet zwar die Existenz eines Gemeinwillens als Realität in jeder Form sozialer Organisation[117], doch stellte schon Triepel fest, daß nur die Einzelwillen der Staaten beim Vertragsschluß ausdrücklich erklärt würden. Sie flössen dann zu dem Gemeinwillen zusammen, ohne daß aber dieser noch gesondert erklärt werde[118].

Fitzmaurice spricht davon, daß der Vertrag den Gemeinwillen nicht enthalte, sondern nur einen ihn beweisenden Hinweis (evidence) darstelle[119].

---

[111] So erklärten die dissentierenden Richter im Fall ‚Vorbehalte zum Völkermordabkommen' (*Guerrero, Mc Nair, Read,* und *Hsu Mo*) zu den sog. rechtsetzenden, allgemeinen multilateralen Abkommen, daß diese zwar „Legislative" oder „Quasi-legislative" genannt würden, ihren Geltungsgrund *aber* in dem „common consent of the parties" hätten (ICJ Reports, 1951, S. 32).

[112] Sir Gerald *Fitzmaurice:* Some Problems regarding the Formal Sources of International Law, Symbolae Verzijl, 1958, S. 160.

[113] C. Wilfred *Jenks:* The Will of the World Community as the Basis of Obligation in International Law, Hommage Basdevant, 1960, S. 288: „The collective consent from which the law derives its authority is to be found in the will of the world community as such, in the *Gemeinwille* as the will of the community shared in by its members rather than as the concurrent wills of the individual members."

[114] Friedrich *Berber,* Lehrb. d. VRs, Bd. I, S. 38.

[115] a.a.O., S. 415; Erich *Kaufmann,* a.a.O., S. 167 f.

[116] *Kaufmann,* a.a.O., S. 160 ff., 168.

[117] *Jenks,* a.a.O., S. 292.

[118] *Triepel,* a.a.O., S. 76.

[119] *Fitzmaurice,* a.a.O., S. 160.

Die Unterscheidung des Gemeinwillens von der Summe der in ihm integrierten Einzelwillen wird auch dadurch erschwert, daß etwa von Triepel erklärt wird, die bindende Kraft des VRs sei darin begründet, daß den Staaten in dem Gemeinwillen nicht ein durchaus fremder, sondern zugleich ihr eigener Wille entgegentrete[120].

Da jedoch die Existenz eines Gemeinwillens hier nicht zum Kriterium der Unterscheidung von rechtsetzenden und rechtsgeschäftlichen Verträgen gemacht werden soll, ein solcher Gemeinwille nach unserer Ansicht vielmehr bei allen Verträgen gebildet wird, und seine Konstruktion nur den Sinn haben soll, die genossenschaftliche Rechtsetzung durch Gesamtakt theoretisch zu erfassen, ist es nicht erforderlich, daß er nach außen erkennbar in Erscheinung tritt.

bb) Der Umfang der Rechtsgemeinschaft

Auf Grund der Definition des Rechtes als der Summe der Regeln, die innerhalb eines Rechtssystems allgemein verbindlich sind[121], und aus der Überlegung, daß für jedes Rechtssystem nur ein rechtsetzender Wille in Frage kommen kann, ergibt sich die Einschränkung, daß ein Rechtsetzungsakt nur dann vorliegen kann, wenn der durch Integration gebildete Gemeinwille eine ganze Rechtsgemeinschaft umfaßt[122].

Nach Anzilotti umfaßt jeder Vertrag automatisch auch eine eigene Rechtsgemeinschaft, da „innerhalb der VRs-Gemeinschaft soviel engere Rechtsgemeinschaften existieren, wie es Staatengruppen gibt, die Spezialnormen zur Regelung bestimmter Beziehungen geschaffen haben"[123]. So sehen Bergbohm[124] und Hudson[125] auch zweiseitige Verträge als rechtsetzend an. Oppenheim unterscheidet nach dem Umfang der Vertragsbeteiligung partikuläres, allgemeines und universelles VR[126], verlangt jedoch zumindest eine wenn auch geringe (a few)[126], so doch beachtliche Zahl (a considerable number)[127] von Staaten.

---

[120] *Triepel*, a.a.O., S. 82.

[121] *Fitzmaurice*, a.a.O., S. 157, FN 2.

[122] Vgl. C. Wilfred *Jenks*, a.a.O., S. 238: „in so far as the source of obligation is to be found in will, it is to be found in the will of the community of which the system is the legal expression."

[123] Dionisio *Anzilotti:* Lehrb. d. VRs, 1929, S. 64.

[124] Carl *Bergbohm:* Staatsverträge und Gesetze als Quellen des VRs, 1877, S. 82.

[125] Manley O. *Hudson:* Int. Leg., Einl. zu Bd. I, 1931, S. XIV.

[126] *Oppenheim-Lauterpacht:* International Law, 8. Aufl., Bd. I, 1955, § 18, S. 28.

[127] a.a.O., § 492, S. 879.

Universalität des Vertrages ist sicher nicht notwendig[128]. Eine Einschränkung kann sich einmal aus der Natur der zu regelnden Materie
ergeben, wenn diese nur einen bestimmten Staatenkreis betrifft, beispielsweise bei Fragen des Walfanges[129]. Andererseits genügt es aber
auch, wenn sich in der zu regelnden Frage — möglicherweise erst durch
den Vertrag selbst — eine partikuläre Rechtsgemeinschaft über den
Mitgliedstaaten gebildet hat, entsprechend zu dem Vorgang, durch den
über ihnen partikuläres Gewohnheitsrecht entsteht[130].

Es kann daher von einer bewußten Setzung objektiven Rechtes durch
Gesamtakt in Form eines vrn. Vertrages gesprochen werden, wenn man
davon ausgeht, daß die bei Vertragsschluß erklärten Willen der Staaten
zu einem Gemeinwillen verschmelzen und wenn die Vertragsparteien
bezüglich des Umfanges der durch ihren Gemeinwillen gesetzten Bindung
eine eigene Rechtsgemeinschaft darstellen.

cc) Der durch Mehrheitsbeschluß gebildete Verbandswille

Im Hinblick auf die gerade erarbeiteten Elemente einer „Rechtsetzung
durch Gesamtakt" ergeben sich bei der Normen entwerfenden Tätigkeit
einer internationalen Organisation zwei Voraussetzungen, die vorliegen
müssen, damit von dem bisherigen Modell des Vertrages abgegangen und
der neue Fall eines nach außen hin erkennbaren Aktes — einseitiger
— vrr. Rechtsetzung angenommen werden muß.

1. Es muß der als solcher verselbständigte Wille einer Staatengruppe
auf einem Sachgebiet äußerlich in Erscheinung treten, auf dem diese bereits zu einer eigenen Rechtsgemeinschaft zusammengewachsen ist.

2. Dieser Verbandswille muß ohne das Erfordernis obligatorischer
Mitwirkung der Staaten verbindlich sein[131].

---

[128] a. A.: C. Wilfred *Jenks*, a.a.O., und Sir Gerald *Fitzmaurice*, a.a.O., S. 160;
Charles G. *Fenwick*: Int. Law, 3. Aufl., 1948 verlangt, daß der Vertrag entweder von den Staaten als einem Körper angenommen ist, (S. 76) oder daß
ihm nachträglich eine große Zahl von Staaten beitritt, so daß die begrenzte
Vereinbarung zu einer allgemeinen wird (S. 77).

[129] Beispiel zit. bei J. G. *Starke*: Treaties as a Source of International Law,
BYIL 1946, S. 341 ff., und *ders.*: Studies in International Law, 1965, S. 81 ff.,
S. 84.

[130] Vgl. Georg *Dahm*: VR, Bd. I, 1958, S. 23.

[131] Auf dieses Kriterium abstellend definiert auch Günther *Schulz:* Entwicklungsformen internationaler Gesetzgebung, 1960, diese als „Formulierung von verbindlichen Rechtssätzen ohne die notwendige Zustimmung der
betroffenen Staaten" (a.a.O., S. 1). Auch Emile *Giraud:* Le Droit international
public et la politique, RC, Bd. 110, (1963 III), S. 630, verlangt für ein „règlement international" zwei Voraussetzungen: „La première est que le règlement soit établi d'autorité par un organe international. La seconde est que
le règlement s'impose aux États." Diese zweite Voraussetzung einer direkten
Verbindlichkeit gegenüber den Staaten sieht er jedoch im Rahmen des Art.
22 SWHO nicht als gegeben an, da er zwischen Ablehnungsrecht und Zustim-

Auf Grund der Möglichkeit, durch Mehrheitsbeschluß der WGVers. gebildet zu werden, ist der Wille der WHO von der Summe aller Einzelwillen ihrer Mitgliedstaaten streng unterschieden. Er soll Normen festlegen, die für möglichst alle Mitglieder Geltung erlangen sollen, also für einen universellen[132] Kreis von Staaten, der somit bezüglich der von der Organisation wahrgenommenen Aufgaben eine eigene Rechtsgemeinschaft darstellt[133].

Auf dem in Art. 21 SWHO abgesteckten Sachbereich wird der durch Beschluß der WGVers. ermittelte Organisationswille völkerrechtlich verbindlich, ohne daß es hierzu noch einer Mitwirkung seitens der einzelnen Staaten bedarf.

In Art. 21, 22 SWHO haben wir somit — da es hierbei auf formelle Gesichtspunkte abzustellen ist — ein Beispiel einseitiger vrr. Rechtsetzung vor uns, das dem Institut des Vertrages gegenüber deutlich abgegrenzt ist.

3. Art. 21, 22 SWHO: Fall völkerrechtlicher Gesetzgebung oder des Erlasses einer völkerrechtlichen Verordnung

a) Die vr. Gesetzgebung

In der vrn. Literatur wird dem Institut des Vertrages, der zwischen souveränen Staaten abgeschlossen wird und dem Einstimmigkeitsgrundsatz unterliegt, als Alternative meist die „echte Gesetzgebung" (legislation proper) gegenübergestellt, die von einer einfachen oder qualifizierten Mehrheit von ernannten oder gewählten Vertretern für eine geschlossene Gemeinschaft (entire community) erlassen wird[134].

Friedmann unterscheidet die „law-making and executive" von den „advisory functions" und kommt dann bezüglich der Befugnisse der WGVers. zu dem Ergebnis: „These powers are in effect legislative[135]."

---

mungserfordernis nicht genügend differenziert und die nach Art. 21, 22 SWHO beschlossenen Vorschriften mit ratifikationsbedürftigen „Entwürfen" gleichsetzt (vgl. oben, Drittes Kap., B II 2 a, FN 23, 24 und zugehöriger Text).

[132] Am 15. März 1966 hatte die WHO 123 ordentliche und 3 assoziierte Mitglieder (WHO Basic Documents, 17. Aufl., April 1966), während vergleichsweise der gleichzeitige Mitgliederstand bei der UNO — seit der letzten Neuaufnahme vom 21. 9. 1965 — nur 117 Staaten betrug (Issues before the 21st General Assembly, International Conciliation, Nr. 559, New York, Sept. 1966, S. 43).

[133] Besonders im Rahmen internationaler Organisationen sieht Paul *Guggenheim* Zeichen dafür, daß das VR allmählich als eine arbeitsteilige, umfassende Rechtsordnung aufgefaßt wird, da hier bereits Begriffe verwendet werden wie Rechtsperson, Organ oder Rechtssubjekt (Beiträge zum Problem der internationalen Organisation, in Festgabe für Max Huber, 1934, S. 127).

[134] Vgl. Wolfgang *Friedmann:* The Changing Structure of International Law, 1964, S. 126.

[135] a.a.O., S. 280.

Jenks spricht von der IGO als „one of the major achievements in the international legislative process"[136], Charles Henry Alexandrowicz nennt das Verfahren eine „machinery of promoting international administrative legislation"[137]. Auch Schulz spricht hier von echter vrr. Gesetzgebung[138].

Eine vr. Gesetzgebung muß hier grundsätzlich als Gesetzgebung innerhalb einer *Genossenschaft* verstanden und darf daher nicht etwa von der Errichtung einer herrschaftlichen Organisation abhängig gemacht werden[139].

Mit ihrem Begriff verbindet sich jedoch der Gedanke an ausschließlich jene Form der Rechtsetzung, die im Gegensatz zur Verordnung oder zur autonomen Satzung vom Träger der gesetzgebenden Gewalt selbst vorgenommen wird. Auch im Rahmen von Art. 21, 22 SWHO wollen wir daher nur dann von echter vrr. Gesetzgebung sprechen, wenn die Organisation selbst Träger „vrr. Gewalt" ist und somit die Rechtsverbindlichkeit der Beschlüsse aus eigener Gewalt heraus setzt und nicht etwa nur auf Grund einer Ermächtigung, in Ausübung immer noch staatlicher Rechte.

Die gesetzgebende, d. h. originäre *Rechtsetzungsgewalt* steht im VR den jeweils sich bildenden Staatengemeinschaften als solchen zu und wird ausgeübt durch Bildung ihres Gemeinschaftswillens als dem im Gesamtakt aller Beteiligten zum Ausdruck kommenden Gemeinwillen.

Die einzelnen Staaten dagegen besitzen jeweils nur das *Recht*, ohne ihren Willen grundsätzlich nicht gebunden werden zu können, d. h. durch eigene Erklärung eine *Bedingung* setzen zu dürfen für den Eintritt vrr. Verpflichtung.

Im Gemeinwillen vereinen sich die Willen aller Beteiligten, die ihn daher auch zum Träger all ihrer einzelnen Rechte machen, die Bedingungen dafür zu setzen, daß seine Regelung jedem von ihnen gegenüber in Kraft treten kann. Die *Gesamtheit* all dieser Einzelrechte begründet daher bei der Gemeinschaft eine *echte Gesetzgebungsbefugnis*[140].

---

[136] C. Wilfred *Jenks:* The Common Law of Mankind, 1958, S. 186.

[137] Charles Henry *Alexandrowicz:* World Economic Agencies, Law and Practice, 1962, S. 126.

[138] Günther *Schulz:* Entwicklungsformen, a.a.O., S. 116 f.

[139] Zu der mit dem Begriff „Gesetzgebung" verbundenen Gefahr falscher Analogien zur innerstaatlichen Rechtsetzung vgl. Friedrich *Berber*, Lehrb. d. VRs, Bd I, S. 415, FN 7.

[140] Insofern kann *Jenks* über den Gemeinwillen sagen: „It is something greater than the individual wills which contribute to it and for certain purposes is entitled to an authority which they cannot claim." (The Will of the World Community as the Basis of obligation in International Law, Hommage Basdevant, 1960, S. 292).

Da jedoch der Gemeinwille als theoretische Hilfskonstruktion nur eine gedachte Gesamtheit von Einzelwillen ist, bleiben die Staaten auch selbst die Träger ihres Zustimmungsrechtes. Erst wo der Wille der Gemeinschaft sich als Verbandswille auch materiell von den Willen der einzelnen Glieder unterscheidet, steht das Erfordernis allseitiger Zustimmung der Ausbildung seiner Rechtsetzungsbefugnis im Wege.

Bei der ILO und im Rahmen von Art. 19 SWHO ist die Notwendigkeit staatlicher Ratifikation beibehalten worden. Zur Entwicklung einer Rechtsetzungsbefugnis ist es dort somit noch nicht gekommen[141].

Art. 22 SWHO dagegen hebt das Erfordernis einer staatlichen Zustimmung auf und läßt die WHO alle für ein allgemeines Verbindlichwerden ihrer Beschlüsse notwendigen Bedingungen selbst setzen.

Die sich hieraus ergebende Rechtsetzungsbefugnis kann als wirkliche Gesetzgebungsbefugnis jedoch nur dann angesehen werden, wenn trotz der von den Staaten zurückbehaltenen Möglichkeit, Vorbehalte oder sogar die Ablehnung zu erklären, davon ausgegangen werden kann, daß die einzelstaatlichen Rechte, die Bedingung der Verbindlichkeit zu setzen, wirklich der Organisation *übertragen* worden sind[142].

Sind dagegen die Staaten noch Träger ihrer Rechte geblieben und ist die Organisation nur *ermächtigt*, diese im eigenen Namen auszuüben, so besitzt sie damit auch nur eine Befugnis zu „abgeleiteter" Rechtsetzung. Wirkliche Gesetzgebung erfordert dann auch unter den Mitgliedstaaten der WHO weiter den einhelligen Gesamtakt aller Beteiligten.

Emile Giraud weist nun auf die veränderte Situation hin, in der sich ein Staat befindet, der nicht gebunden werden möchte[143]. Während es bei Notwendigkeit seiner Zustimmung möglich sei, das Entstehen der Verpflichtung einfach durch Untätigkeit zu verhindern, ohne daß dieser

---

[141] Vgl. oben, Drittes Kap., A.

[142] Eine Gesetzgebungsmacht der Organisation entsteht damit zwar durch Übertragung staatlicher Einzelrechte, doch können diese selbst nicht schon als Gesetzgebungsrechte bezeichnet werden. Von „übertragener Gesetzgebungsbefugnis" zu sprechen, ist somit juristisch nicht ganz richtig.
So nennt J. G. *Starke* das Verfahren der ILO eine „delegated Legislation" (An Introduction to International Law, 1954, S. 445); C. Wilfred *Jenks* spricht von einer Übertragung von „regulatory powers" (The proper Law of international Organization, 1962, S. 258 f.); Marcel *Merle* macht das Entstehen echter Gesetzgebung abhängig von einer „délégation de compétence initiale" der Staaten an die Organisation (Le pouvoir réglementaire des Institutions Internationales, Ann. Fr., Bd. IV, (1958), S. 360); Wilhelm *Wengler* spricht zwar von Ermächtigungen, setzt diese aber mit dem Begriff der Delegation gleich (VR, 1964, Bd. I, S. 319); auch Günther *Schulz:* „Entwicklungsformen internationaler Gesetzgebung" spricht von einer diese begründenden Delegation (a.a.O., S. 116).

[143] *Giraud*, a.a.O., S. 628.

negative Wille dabei irgendwie erkennbar zu werden brauche, setze sich derjenige Staat, der durch ausdrückliche Erklärung seinen Ablehnungswillen offenbaren müsse, unter Umständen einer starken äußeren wie auch inneren Kritik aus.

Dieser politisch-moralische Druck zur Übernahme der Verpflichtung kann sich jedoch auch im Rahmen von ratifikationsbedürftigen multilateralen Verträgen auswirken, so daß der Unterschied allerhöchstens ein gradueller ist und für die wesentliche Unterscheidung von Zustimmungserfordernis und Ablehnungsrecht nicht herangezogen werden kann.

b) Die Situation im Rahmen von Art. 21, 22 SWHO

aa) Das Verbleiben der endgültigen Entscheidungsgewalt bei den Staaten

Durch ihr Ablehnungsrecht haben sich die Staaten die endgültige Entscheidung über das Verbindlichwerden der formell von der WHO erlassenen Bestimmungen vorbehalten. Das neue Verfahren sollte nur die Notwendigkeit abschaffen, einen positiven Annahmewillen bilden und erklären zu müssen, und soll daher vor allem diejenigen Staaten treffen, die die Möglichkeit einer Entscheidung ungenutzt lassen. Es soll jedoch keinerlei Verbindlichkeit gegen einen ordnungsgemäß gebildeten und erklärten staatlichen Willen begründen können.

bb) Der indirekte Einfluß des staatlichen Ablehnungsrechtes auf die Bildung des Organisationswillens

α) auf seinen Inhalt

Die Bedeutung eines Vetorechtes zeigt sich, wie Hans Schade feststellt, nicht nur in seiner Anwendung[144]. Schon die Möglichkeit des späteren Gebrauches wirkt sich mittelbar korrigierend auf den Inhalt des Beschlusses aus.

Auch die WGVers. wird es möglichst unterlassen, Bestimmungen in ihren Beschluß aufzunehmen, die zu dessen späterer Ablehnung durch eine große Zahl von Staaten führen dürften[145]. In welch starkem Maß bei der inhaltlichen Festlegung der Vorschriften auf die Willen der einzelnen Mitgliedstaaten Rücksicht genommen wird, sei hier kurz am Beispiel der IGO gezeigt.

---

[144] Hans *Schade:* Das Vetorecht in der Gesetzgebung, Diss. 1929, S. 148.

[145] Daß die WHO mit dem Institut der Art. 21, 22 sehr vorsichtig umgeht, zeigt sich auch darin, daß die 18. WGVers. eine biologische Standardisierung nach Art. 21 d und e nicht als Regelung nach Art. 22 sondern als Empfehlung nach Art. 23 der Satzung angenommen hat (WHA 18. 7, Off. Rec., Bd. 143, S. 5).

Diese war in ihrem ersten Entwurf von dem Expertenausschuß für internationale Seuchenkunde und Quarantäne (Expert-Committee on International Epidemiology and Quarantine), dem diese Aufgabe im Juli 1948 von der WGVers. übertragen worden war[146], nach sachlichen Gesichtspunkten ausgearbeitet worden. Der Entwurf wurde dann im April 1951 an alle Mitgliedstaaten mit der Bitte um Stellungnahme übersandt[147] und ist unter Berücksichtigung der daraufhin eingehenden staatlichen Erklärungen vom Expertenkommitee noch einmal überarbeitet worden, bevor er einem Sonderausschuß der Versammlung vorgelegt wurde, der aus Vertretern aller Staaten gebildet worden war[148] und seine schließliche Annahme duch die WGVers. vorbereitete.

Das unter dem staatlichen Ablehnungsrecht stehende Verfahren ist damit nicht so sehr auf Überstimmung einer Minderheit ausgerichtet, sondern vielmehr auf „Erreichung einer möglichst weitgehenden Übereinstimmung"[149].

β) auf die Art seines Zustandekommens

αα) Die Vereinfachung des Beschlußverfahrens

Bewirkt das Bestehen des Ablehnungsrechtes auf der einen Seite eine gewisse Rücksichtnahme auf die Interessen der Einzelstaaten bei der Ausarbeitung der Vorschriften, so kann doch aus dem gleichen Grund jede weitergehende Beachtung einzelstaatlicher Interessen im Rahmen des Beschlußverfahrens selbst entfallen.

Dr. Taba (Iran), der den Vorsitz über die 11. Vollversammlung der 4. WGVers. führte, in der am 25. Mai 1951 die im Entwurf vorliegende IGO beschlossen werden sollte, forderte daher die Delegierten auf, Vorbehalte, von denen sie glaubten, daß ihre Entsendungsstaaten sie erklären wollten, für die hierzu vorgesehene Frist aufzusparen und sich während des Beschlußverfahrens mündlicher Erklärungen zu enthalten[150].

---

[146] WHA 1.32, Off. Rec., Nr. 13, S. 306.

[147] EB 7. R 86, Feb. 51, Off. Rec. Nr. 32, S. 37.

[148] WHA 3.71.1, Off. Rec. Nr. 28, S. 41.

[149] Insofern trifft hier die Ansicht *Jenks'* zu, daß das Mehrheitsprinzip zwar seinerzeit mit dem Ziel in das VR eingeführt worden sei, eine Entscheidung überhaupt zu ermöglichen, daß seine heutige Aufgabe im Spannungsfeld zwischen der Erleichterung der Entscheidung und der in ihr liegenden Verantwortung aber nicht in der Durchsetzung eines Mehrheitswillens bestehe, sondern in der Erreichung einer möglichst weitgehenden Übereinstimmung unter den Beteiligten, um der Entscheidung die Wirksamkeit in der Praxis zu verschaffen (Unanimity, The Veto, Weighted Voting, Special and Simple Majorities and Consensus as Modes of Decision in International Organizations, Cambridge Essays in International Law in honour of Lord Mc Nair, 1965, S. 48).

[150] Off. Rec. Nr. 37, S. 321.

Der Inhalt möglicher späterer Vorbehalte wurde damit aus der Diskussion ausgeklammert. Aber auch der Wille einzelner Staaten, die Vorschriften überhaupt abzulehnen, führte grundsätzlich nicht zur Gegenstimme ihres Delegierten im Beschlußverfahren. Da mit der Beschlußfassung noch keine endgültige Entscheidung über die Verbindlichkeit der Vorschriften getroffen wurde, sahen die Delegierten sich grundsätzlich nicht veranlaßt, gegen den Beschluß zu stimmen.

Das für gewöhnlich geübte Verfahren ist daher auch denkbar einfach:

Der Präsident der Versammlung zitiert die Urkunde, die den von den Experten ausgearbeiteten Entwurf enthält und gemäß der Verfahrensordnung der WGVers. den Delegierten bereits seit einiger Zeit vorgelegen haben soll[151]. Er fordert nun die Delegierten zu Wortmeldungen auf. Bleiben solche aus, so erklärt er den Entwurf für angenommen.

Auf diese Weise sind mangels Gegenstimme für angenommen erklärt worden:

Die Vorschriften Nr. 1 der WHO bezüglich der Nomenklatur von Krankheiten und Todesursachen vom 24. Juli 1948 (Nomenklaturvorschriften)[152],

deren erste Ergänzung (Supplementory Regulations) vom 13. Juni 1949[153]

und deren Zusatzvorschriften (Additional Regulations) vom 21. Mai 1956[154];

ebenso die Vorschriften Nr. 2 der WHO (Gesundheitsvorschriften, IGO) vom 25. Mai 1951[155],

deren Änderung vom 23. Mai 1956[156],

vom 19. Mai 1960[157],

vom 23. Mai 1963[158]

und vom 12. Mai 1965[159].

Besonders deutlich ist das Verfahren bei der Annahme der Zusatzbestimmungen vom 21. Mai 1956 geworden. Ich zitiere aus dem in Off. Rec. Nr. 71, S. 118 wiedergegebenen Sitzungsprotokoll:

---

[151] Regel 42, Basic Documents of the WHO, 17. Aufl., April 1966.
[152] Off. Rec. Nr. 13, S. 102.
[153] a.a.O., Nr. 21, S. 121.
[154] a.a.O., Nr. 71, S. 118.
[155] a.a.O., Nr. 37, S. 323.
[156] a.a.O., Nr. 71, S. 133.
[157] a.a.O., Nr. 103, S. 125.
[158] a.a.O., Nr. 128, S. 154.
[159] a.a.O., Nr. 143, S. 135.

Der Präsident: (Engl. Übersetzung aus dem Französischen) „We come now to the first Report of the Committee on Programme and Budget. This document has been distributed in sufficient time, I think, for delegates to have studied it. If there is no objection we shall deal with this report as with the previous one, that is, discuss it and adopt the various resolutions.

Any objections? I open the discussion on the resulotions."

Hierauf wurden zuerst drei die innere Organisation der WHO betreffende Resolutionen angenommen.

Dann: „4.: Seventh revision of the International Lists of Deseases and causes of Death.

No remarks: Resolution adopted."

Hieraus geht hervor, daß ein solcher „Beschluß mangels Gegenstimme" das übliche Verfahren ist, nach dem die WGVers. die Berichte ihrer Ausschüsse und die in ihnen empfohlenen Resolutionen annimmt, und daß der besondere Charakter der Beschlüsse nach Art. 21, 22 SWHO und ihr Unterschied zu anderen auf der Tagesordnung stehenden Resolutionen bei der Abstimmung nicht deutlich wird.

Die Zusatzvorschriften zur IGO vom 26. Mai 1955, die im Rahmen des Berichtes des Committee on Programme and Budget als hierin empfohlene Resolution Nr. 6 auf der Tagesordnung erschienen, sind zuerst mangels irgendwelcher Einwände für angenommen erklärt worden[160].

Daraufhin beantragten die Delegierten von Ägypten und Irak nachträglich eine formelle Abstimmung, wobei der Abgesandte des Irak erklärte, die meisten Delegierten hätten wohl geglaubt, der Beschluß gelte noch Res. Nr. 5 und noch nicht Nr. 6. Als sich gegen eine formelle Abstimmung auf Aufruf keine Einwände erhoben hatten, wurde diese durchgeführt und ergab 21 Stimmen für die Zusatzvorschriften, 13 gegen sie und 20 Enthaltungen[160]. Da nach Regel 54 Satz 3 der Geschäftsordnung[161] Enthaltungen nicht gerechnet werden, waren sie damit mit 21 gegen 13 Stimmen angenommen.

Regel 57 der GeschO der WGVers. bestimmt, daß Abstimmungen in den Plenarsitzungen grundsätzlich durch Aufzeigen der Hand oder durch sich Erheben vorzunehmen sind. Aus den Worten des Präsidenten der 8. WGVers. zu der formellen Abstimmung am 26. Mai 1955[160] geht jedoch hervor, daß eine „Annahme mangels Einwand" — die von der WHO allerdings auch als „einstimmig" bezeichnet wird[162] — nicht als Ergebnis einer

---

[160] a.a.O., Nr. 63, S. 123.

[161] WHO, Basic Documents, a.a.O.

[162] Off. Rec. Nr. 13, Annex 1, S. 349, FN 1, bezüglich der IGO; gegen eine solche Gleichsetzung Pitman B. *Potter*, AJIL, Bd. 59, (1965), Editorial Com-

wirklichen Abstimmung angesehen wird, vielmehr eine solche überhaupt überflüssig mache. Erst auf Grund eines Einspruchs, der einen diesbezüglichen Antrag enthalte, müsse eine Resolution der Abstimmung unterworfen werden[163].

Das von der WGVers. geübte beschleunigte Beschlußverfahren erleichtert somit die Bildung des Organisationswillens in allen jenen Fällen, in denen über die Frage einer Annahme keine Meinungsverschiedenheiten bestehen.

Es trägt einerseits dem etwaigen Bestehen von Gegenansichten genügend Rechnung, spiegelt aber auf der anderen Seite die Bereitschaft der Delegierten wieder, die von den Experten vorgeschlagene Regelung ohne näher auf sie eingehende Diskussion anzunehmen.

Es ist daher nur die Möglichkeit eines Mehrheitsbeschlusses, die dieses Verfahren — im Gegensatz zum Vertrag als autonomer Rechtsetzung — als heteronome charakterisiert. Daß eine Abstimmung jedoch meist nicht notwendig ist, zeigt, daß das Gewicht der endgültigen Entscheidung und damit der letzten gründlichen Auseinandersetzung mit den Vorschriften nicht bei den in der WGVers. sitzenden Delegierten liegt, sondern immer noch bei den einzelnen Mitgliedstaaten.

ββ) Die Nichtnotwendigkeit einer qualifizierten Mehrheit, einer Stimmenwägung oder eines sonstigen Ausdrucks des dezentralisierten Aufbaus der internationalen Organisation des Gesundheitswesens.

Auch daraus, daß zur Gültigkeit der Versammlungsbeschlüsse der Wille der einfachen Mehrheit ausreicht, ergibt sich, daß die Staaten ihre Entscheidungsfreiheit bereits durch ihr Ablehnungsrecht derart gewahrt wissen, daß eine zusätzliche Sicherung in Gestalt des Erfordernisses einer qualifizierten Mehrheit nicht notwendig erschien.

H. Bülck erklärt es zur Voraussetzung von Mehrheitsentscheiden, daß unter den Staaten eine *„funktionale Gleichheit"* gegeben ist. Eine „funktionale Verschiedenheit" führe zur Stimmenwägung[164]. Gleichberechtigt

---

ment, S. 301: „Abstention from voting and simple silence in the face of a chairman's ‚No objection? Adopted!' are also eating away the principle of unanimity."

[163] Es wird daher die Möglichkeit eines Mehrheitsbeschlusses nicht ausgeschlossen, und die Bedenken, die in einer *Ersetzung* des Mehrheitsentscheides durch das Verfahren der Annahme mangels Einwands eine Abkehr vom Institut der Überstimmung und — über die Einführung eines allgemeinen Vetorechtes — die Rückkehr zu dem der Einstimmigkeit sehen, kommen hier nicht zum Tragen. Wegen dieser Bedenken vgl.: Jean *Charpentier*: La procédure de non objection (A propos d'une crise constitutionelle d l'ONU), Rev. gén., Bd. 70, (1966), S. 862 ff.

[164] Hartwig *Bülck*: Föderalismus als internationales Ordnungsprinzip, Bericht I in VVDStRL, Heft 21, S. 36.

Abstimmende müssen somit beim Mehrheitsentscheid der zu regelnden Materie als Gleichartige gegenüberstehen.

Die WHO ist nach dem Grundsatz *regionaler Dezentralisation* aufgebaut[165]. Die 24 Mitglieder des Rates (Exekutive Board) werden daher nach einem bestimmten Verteilungsschlüssel aus den 6 regionalen Untergruppen ernannt. Außerdem gibt es unter den Staaten der WHO einige, die hauptsächlich als Ursprungsländer von Krankheiten in Frage kommen und andere, die mehr das Interesse haben, sich gegen ihre Ansteckung zu schützen. Auch sind die einzelnen Staaten durch eigene Gesellschaften und Verkehrsmittel an der Abwicklung des Welthandels verschieden stark beteiligt. Bezüglich der Normierung der Arzneimittel gibt es Hersteller- und Abnehmerländer. Somit wäre die Frage einer gewissen Stimmenwägung akut[166]. Auch bei der Vorgängerin der WHO, dem Internationalen Gesundheitsamt in Paris, war die Stimmenzahl der Mitgliedstaaten in 6 Klassen je nach der Höhe der Beitragsleistung gestaffelt[167].

Bei der WHO aber brauchte wegen des staatlichen Ablehnungsrechtes nicht daran gedacht zu werden, dem Gemeinwillen durch einen Wägungsvorgang bessere Repräsentationsmöglichkeiten zu verschaffen oder in sonstiger Weise die Unabhängigkeit einer regionalen Untergruppe zu schützen.

Die Mitgliedstaaten haben sich somit in Gestalt des Vorbehalts- und Ablehnungsrechtes den materiell wesentlichen Teil des ursprünglichen Erfordernisses ihrer Zustimmung zurückbehalten und gewissermaßen nur einen formellen „Mantel" an die Organisation abgegeben.

Eine Übertragung ihres Rechtes, die Zustimmung zu erteilen, kann daher nicht angenommen werden. Die Staaten sind vielmehr weiter als dessen eigentliche Träger anzusehen[168].

---

[165] Vgl. Robert *Berkov:* The WHO, A Study on Decentralized International Administration, 1957.

[166] Vgl. Claude-Henri *Vignes:* Organisation Mondiale de la Santé, Questions juridiques in Ann. Fr., Bd. 9, (1963), S. 627 ff., und die dort zitierten Bestrebungen, bei der Festsetzung des Verteilungsschlüssels, nach dem aus jeder der 6 regionalen Untergruppen der WHO ein bestimmter Teil der 24 Mitglieder des Rates ernannt wird, nicht nur die Anzahl der jeder Regionalgruppe angehörenden Staaten zu berücksichtigen, sondern auch etwa deren Bevölkerungszahl, Beitragshöhe und die Wichtigkeit ihrer sanitären Fragen.

[167] Art. 6 des Statuts, abgedruckt als Annex 1 zu dem „Arrangement pour la création, à Paris, d'un Office International d'Hygiène Publique; signé à Rome, le 9 décembre 1907", *De Martens,* NRG, 3. Ser., Bd. 2, S. 913 ff. (S. 916).

[168] *Hier* ergibt sich dies schon aus dem Bestehen des Ablehnungsrechtes. Vgl. in diesem Zusammenhang auch die Bedeutung des Rechtes eines Monarchen, einem vom Parlament beschlossenen Gesetz den Ausspruch der Rechtsverbindlichkeit zu verweigern, das als Voraussetzung echter monarchischer Sanktionsgewalt (Paul *Laband,* zit. oben, Drittes Kap., A, im Text zu Anm. 7)

Entsprechend der von Paul Reuter getroffenen Unterscheidung liegt hier nur eine *Beschränkung,* nicht aber eine *Übertragung* staatlicher Kompetenz vor[169].

c) Vr. Rechtsetzung im Rahmen einzelstaatlicher Ermächtigung

Da die WHO keine eigene Gesetzgebungsmacht besitzt, vielmehr Träder des Rechtes, die Bedingung für das Inkrafttreten vrr. Bestimmungen zu setzen, immer noch die Staaten selbst sind, auf der anderen Seite aber der von der WGVers. erlassene Beschluß ohne Mitwirkung der Staaten verbindlich wird, kommen wir zu dem Ergebnis, daß die Organisation hier ein fremdes Recht (der Staaten) im eigenen Namen ausübt und somit nur im Rahmen einzelstaatlicher *Ermächtigung* handelt.

Die Beurteilung als Ermächtigung dürfte sich auch in der Literatur mehr und mehr durchsetzen[170].

aa) Die Rechtsgültigkeit der Ermächtigung

Die grundsätzliche Gültigkeit einer von den Staaten gegenüber der WHO erteilten Ermächtigung und damit der in ihrem Rahmen durch Mehrheitsbeschluß der Versammlung erlassenen Vorschriften kann nicht in Frage gestellt werden.

Das Erfordernis eines original agreement ist durch die Ratifizierung der Satzung erfüllt.

Der Vorbehalt des Ablehnungsrechtes läßt die endgültige Entscheidung über die Verbindlichkeit der Beschlüsse derart im Bereich der Einzelstaaten verbleiben, daß das Problem, ob und wann bindende Mehrheits-

---

und als „unzertrennlich von dem Begriffe der Monarchie" angesehen wurde (mit weiteren Hinweisen Hans *Schade:* Das Vetorecht in der Gesetzgebung, S. 76).

Nicht untersucht worden ist daher die sich hier erübrigende Frage, ob nicht auch die Begrenzung der Beschlußbefugnis nach Inhalt, Zweck und Umfang zu dem gleichen Resultat führen muß und wo überhaupt die *Grenze vertraglicher Ermächtigung* anzusetzen ist, von der ab man dann von der Einräumung einer eigenen Gesetzgebungsbefugnis an die Organisation auszugehen hätte.

[169] Paul *Reuter:* Institutions Internationales, 1955, S. 302, engl. Übersetzung 1958, S. 221.

[170] Günther *Jaenicke:* Völkerrechtsquellen, in Strupp-Schlochauer: Wörterbuch, 1962, Bd. III, S. 772; Ulrich *Scheuner:* Die Rechtsetzungsbefugnis internationaler Gemeinschaften, Festschrift für Verdroß, 1960, S. 236; Egon *Schwelb:* Neue Etappen der Fortentwicklung des VRs durch die Vereinten Nationen, ArchdVR, Bd. 13, (1966), S. 12 u. S. 45. Krzysztof *Skubiszewski:* Forms of Participation of International Organizations in the Lawmaking Processes, Int. Org., Bd. XVIII, (1964), S. 791 („empowered"); Max *Sørensen:* Principes du Droit International Public, RC, Bd. 101, (1960 III), S. 102 („autoriser").

beschlüsse gegen den Grundsatz der souveränen Gleichheit verstoßen[171], hier noch gar nicht akut wird.

Außerdem gilt das Verfahren für einen nahezu universellen Kreis von Staaten.

Ein besonderes Problem ergab sich jedoch bei der Zurückweisung der um einen Tag verspätet eingegangenen Erklärung der norwegischen Regierung, die am 25. Mai 1951 beschlossene IGO könne für ihr Land ohne das nach der innerstaatlichen Verfassung vorgeschriebene Ratifikationsverfahren nicht verbindlich werden[172].

Eine solche Argumentation kann sich nur auf die Ansicht stützen, die Art. 21, 22 SWHO seien für solche Staaten völkerrechtlich nicht gültig, deren Verfassung das in ihnen niedergelegte Verfahren nicht anerkenne.

Ein auf Abänderung der innerstaatlichen Verfassung ausgerichteter vrr. Vertrag muß vom Parlament nach dem für Verfassungsänderungen vorgeschriebenen besonderen Verfahren angenommen werden. Dies gilt auch ohne eine ausdücklich dahingehende Verfassungsnorm[173]. Ist dieses Erfordernis nicht beachtet worden, so liegt ein Verstoß gegen das innerstaatliche Verfassungsrecht vor.

Da die Frage nach der Verbindlichkeit von Art. 21, 22 SWHO eine völkerrechtliche ist, muß geprüft werden, inwieweit ein solcher Verstoß sich völkerrechtlich auswirken kann.

Heute wird überwiegend ausgegangen von der grundsätzlich auch völkerrechtlichen *Erheblichkeit* der landesrechtlichen Normen über die Bildung und Erklärung des staatlichen Willens[174], wobei die Anhänger der gemäßigten monistischen und dualistischen Auffassungen insofern zu ähnlichen Ergebnissen gelangen[175], als diese grundsätzliche Relevanz zum Schutz einer gewissen Rechtssicherheit im internationalen Verkehr meist, wenn auch unter verschiedenen Gesichtspunkten, eingeschränkt wird, und zwar durch Abstellen auf die tatsächliche, effektive Verfassung, die Offenkundigkeit der Verfassungsverletzung oder die Heranziehung des Grundsatzes von Treu und Glauben.

Nun ist am Rahmen von Art. 21, 22 SWHO besonders zu beachten, daß wegen der Aufrechterhaltung einer letztinstanzlichen Entscheidungsmög-

---

[171] Vgl. *Oppenheim-Lauterpacht:* International Law, 8. Aufl., Bd. I, 1955, S. 263, und weitere Verweisungen bei Günther *Schulz:* Entwicklungsformen internationaler Gesetzgebung, S. 2.

[172] Vgl. oben, Erstes Kap., IV.

[173] Karl Wilhelm *Geck:* Die völkerrechtlichen Wirkungen verfassungswidriger Verträge, 1963, S. 216 f.

[174] Karl Wilhelm *Geck,* a.a.O., S. 49.

[175] Friedrich *Berber:* Lehrb. d. VRs, Bd. I, S. 94; *Geck,* a.a.O., S. 24.

lichkeit der materielle Grad einer etwaigen Verfassungsänderung nur gering ist. Die Herausbildung einer die alte Verfassung erweiternden Praxis und damit einer neuen tatsächlichen Verfassung kann hier eher angenommen werden als bei einer schwerwiegenden Änderung. Durch die Unterlassung des Parlamentes, seine Zustimmung zur Ratifikation dieses relativ geringfügigen Eingriffes in die alte Verfassungsordnung von einer besonderen Mehrheit abhängig zu machen, dürfte so bereits eine *neue effektive Verfassung* entstanden sein.

Die Nichtbeachtung des Erfordernisses einer bestimmten parlamentarischen Mehrheit ist auf zwischenstaatlicher Ebene nicht *offenkundig*.

Auch aus dem Grundsatz von *Treu und Glauben* heraus ist die Berufung auf einen verfassungsändernden Charakter der SWHO ausgeschlossen. Eine Nachprüfung bestimmter parlamentarischer Mehrheitserfordernisse ist nicht zuzumuten, zumal der Grad eines etwaigen Verfassungseingriffes nur gering ist.

Damit kann nach allgemeiner Ansicht die Nichtbeachtung des neuen, über die bisherigen Verfassungen zumindest formell hinausgehenden Charakters von Art. 21, 22 SWHO deren vr. Verbindlichkeit nicht beeinträchtigen.

bb) Die Beschlüsse der WGVers. als vr. VO
und ihre Abgrenzung zur Autonomie

Günther Jaenicke bezeichnet die im Rahmen einer Ermächtigung gefaßten, die Mitgliedstaaten einer Organisation bindenden Beschlüsse als selbständige, wenn auch sekundäre Rechtsquelle, die meist funktionell (durch Beschränkung auf ein bestimmtes Sachgebiet), normativ (durch vertragliche Festlegung der Voraussetzungen und des Inhalts der möglichen Entscheidungen) und institutionell (durch das Erfordernis einstimmiger oder qualifizierter Mehrheitsbeschlüsse) eng begrenzt sei[176].

Schulz spricht von einer dem Gewohnheits- und Vertragsrecht nachgeordneten Rechtsquelle dritten Grades[177].

Ebenso der dort zitierte Gaetano Morelli, der jedoch zu solchen in Verträgen enthaltenen Normen, die die Schaffung weiterer Rechtssätze ermöglichen, auch die in der Satzung enthaltene Ermächtigung der UNO-Vollversammlung zu Kostenverteilungsbeschlüssen, die vorherige Anerkennung eines Schiedsgerichtes oder etwa die Vereinbarung von Meistbegünstigungsklauseln rechnet[178].

---

[176] *Jaenicke*, a.a.O.

[177] Günther *Schulz:* Entwicklungsformen, 1960, S. 117.

[178] Gaetano *Morelli:* Cour général de Droit International Public, RC, Bd. 89, (1956 I), S. 463.

Verdroß spricht von vrm. Verordnungsrecht, das eine Stufe unter der Vereinbarung stehe, auf Grund derer es erlassen werden kann[179].

Auch sonst werden die aus einer Ermächtigung abgeleiteten generellen Regelungen wegen ihres sekundären Charakters mit der innerstaatlichen Verordnung verglichen[180] oder — wie dies hauptsächlich in der italienischen und französischen Lehre geschieht[181] — als Rechtsetzung im Rahmen verliehener Autonomie bezeichnet[182].

Dadurch, daß durch die Ablehnung einer Originärität der Autonomie die Grundlage für deren Gleichsetzung mit einer besonderen, ursprünglichen Verbandsgewalt fortgefallen ist, stellen sich sowohl Autonomie als auch Rechtsverordnung als Rechtssätze unterhalb der Gesetze dar, ergangen auf Grund einer Ermächtigung des Gesetzgebers[183].

Während teilweise — hinsichtlich ihres möglichen sachlichen Gehaltes, ihres persönlichen Geltungsbereiches, der möglichen Trägerschaft und des normsetzenden Willens — eine Verschiedenartigkeit beider Institute geleugnet wird[184], zeigt Winfried Haug einige wesentliche Unterschiede auf[185].

Die Autonomie umfaßt einen abgerundeten, prinzipiell unbegrenzten Kreis von Rechtsetzungsbefugnissen, die als eigene Angelegenheit ihres Trägers empfunden werden. Diesem steht daher auch ein subjektives Recht auf ihre Ausübung zu.

Die Verordnungsmacht dagegen zeigt sich als eine rein gesetzestechnische Erscheinungsform und wird für einzelne, vorher bestimmte Ma-

---

[179] Alfred *Verdross*, Lehrb. d. VRs, 5. Aufl., 1964, S. 152.

[180] Ulrich *Scheuner*: Die Rechtsetzungsbefugnis, S. 236; Marcel *Merle*: Le pouvoir réglementaire des Institutions Internationales, Ann. Fr., Bd. IV, (1958), S. 341 ff.; ohne weitere Erklärung spricht von einer „compétence réglementaire" Paul *Reuter*: Institutions Internationales, 1955, S. 181, engl. Übers., 1958, S. 135; ders.: Droit International Public, 1958, S. 90 f., spricht von einem „pouvoir réglementaire"; ebenso im Zusamenhang mit den Befugnissen der WGVers.: Claude-Albert *Colliard*: Institutions Internationales, 1956, S. 449, und Hanna *Saba*: Certains aspects de l'évolution dans la technique des traités et conventions internationales, Rev. gén., Bd. 54, (1950), S. 419; Ricardo *Monaco* schreibt in Manuale di Diritto Internazionale Pubblico, 1960, die WHO sei ausgestattet mit einem „largo potere regolamentare"; Wilfred *Jenks* spricht allgemein von einer Übertragung von „regulatory powers" an internat. Körper (The Proper Law of International Organizations 1962, S. 258 f.); W. R. *Sharp*: The new WHO, AJIL, Jg. 41 (1947), S. 525 von einer „regulatory action" der Organisation; von „Verordnungen" spricht auch Wilhelm *Wengler*: VR, Bd. I, 1964,, S. 473 und S. 476, jeweils FN 3.

[181] Vgl. *Scheuner*, a.a.O.

[182] Ricardo *Monaco*: L'autonomia normativa degli enti internazionali, Scritti Perassi, 1957, Bd. 2, S. 138, 159 ff., spricht von „autonomia esterna".

[183] Winfried *Haug*: Autonomie im öffentlichen Recht, Diss. 1961, S. 87 f.

[184] Andreas *Hamann*: Autonome Satzungen und Verfassungsrecht 1958, S. 32—46 (34), 53 f., kritisch besprochen von Hans *Spanner* in DÖV 59/38 f.

[185] *Haug*, a.a.O., S. 88 ff.

terien — beispielsweise auch an einen möglichen Träger von Autonomie
— verliehen, gibt diesem jedoch kein eigenes subjektives Recht[186].

Aus ihrem Zweck heraus, die früher durch Abkommen vorgenommene
Regelung einzelner Teile des internationalen Gesundheitsrechts nun
durch ein neues, flexibles Verfahren in ihrer Wirksamkeit zu erhöhen
und zu beschleunigen, ohne aber den Einzelstaaten die letzte Entscheidung zu nehmen, stellt sich das Verfahren nach Art 21, 22 SWHO als ein
„rein gesetzestechnisches" dar, das nicht etwa zur Begründung eines eigenen Rechtes der Organisation führen sollte.

Es kann auch insofern nicht von einer Befugnis zur Regelung eigener
Angelegenheiten gesprochen werden, als die WHO nur Ergebnis technischer Spezialisierung auf gesamtvölkerrechtlicher Ebene und daher —
was den innerstaatlichen Bereich betrifft — eher mit der staatlichen Organisation selbst vergleichbar ist als mit einem dem Staat „autonom"
gegenüberstehenden Träger von Rechtsetzungsbefugnissen[187].

cc) Ähnlichkeiten und Unterschiede zur VO des innerstaatlichen Rechtes

Im innerstaatlichen Bereich hat das staatsrechtliche Problem, das sich
dort den Vertretern der Gewaltenteilungslehre stellte, inwieweit nämlich das Parlament die Regierung zur Setzung allgemeiner Normen überhaupt ermächtigen kann, zu Ergebnissen geführt, die den unseren durchaus ähnlich sind.

Während auf der einen Seite jede über die reine Ausführung der Gesetze hinausgehende VO-Befugnis als auf einer legislativen Delegation[188],
d. h. einer Übertragung der allein dem Parlament zustehenden gesetzgebenden Gewalt beruhend angesehen und damit als verfassungswidrig
abgelehnt wurde[189], teilte die bis in die Weimarer Zeit hinein herrschende

---

[186] a.a.O., S. 90 f.

[187] In diesem Sinn wird es auch zu verstehen sein, wenn *Scheuner*, a.a.O.
die Bezeichnung als „Autonomie" ablehnt, „da die internationale Vereinigung
nicht ihren staatlichen Gliedern nachgeordnet" sei. Eine rechtliche Nachordnung liegt jedoch im Institut der Ermächtigung und ist somit nicht nur für
die Autonomie, sondern auch für eine VO-Befugnis Vorbedingung.

[188] Die Begriffe Ermächtigung und legislative Delegation werden unge-
nauerweise auch oft gleichgesetzt. z. B. von Wilhelm *Wengler*, VR, Bd. I, S. 319
und Carl *Schmitt*: Vergleichender Überblick über die neueste Entwicklung des
Problems der gesetzgeberischen Ermächtigungen (Legislative Delegationen),
in ZaöRV, Bd. VI, (1936), S. 252 ff., und in Positionen und Begriffe im Kampf
mit Weimar-Genf-Versailles 1923—1939, Hamburg 1940.

[189] So Ludwig *v. Rönne*: Das Staatsrecht des Dt. Reiches, 1877, Bd. 2, Abb. 1,
§ 64 II, S. 13.

Lehre des Bismarckschen Verfassungsrechts[190] den Entstehungsprozeß eines Gesetzes auf in die Festlegung des Inhalts und die Setzung der Sanktion[191]. Im Falle einer VO bestimme die Regierung nur den Inhalt des Gesetzes, die Sanktion dagegen habe das Parlament bereits durch seine Ermächtigung erteilt. Die legislative Körperschaft bleibe damit weiter der alleinige Gesetzgeber, eine Übertragung gesetzgeberischer Befugnisse, eine „Delegation" finde nicht statt.

Für diese Auffassung des Begriffes der Ermächtigung (nicht „délégation" sondern „habilitation") hat sich in Frankreich Carré de Malberg entschieden[192].

Bei der Bezeichnung von Beschlüssen der WGVers. als „völkerrechtliche Verordnungen" ist weiter zu berücksichtigen, daß im innerstaatlichen Recht das Hauptkriterium einer VO darin liegt, daß sie von der *Exekutive* erlassen wird[193]. Hierauf abstellend hat man daher auch sehr weitgehende und allgemeine Ermächtigungen als Grundlage von Verordnungen gelten lassen[194].

Es ist zwar auch im VR in der Hauptsache exekutive Tätigkeit, die von den internationalen Organisationen ausgeübt wird, und der Erlaß sachlich begrenzter technischer Vorschriften muß als eine Ausweitung dieses Tätigkeitsbereiches angesehen werden[195].

Dadurch aber, daß der WGVers. eine Rechtsetzungsbefugnis nur unter dem Vorbehalt eines staatlichen Ablehnungsrechtes eingeräumt ist, ist die Organisation nicht selbst Träger oder auch nur Mitträger vrr. Gewalt geworden, auch nicht in Form einer exekutiven Teilgewalt.

---

[190] *Seydel*, Hirth's Annal., Bd. VII (1874), S. 1145 f., zit. in *Rönne*, a.a.O., § 67, S. 60 FN 4; Paul *Laband*, Das Staatsrecht des Dt. Reiches, 5. Aufl., Bd. II, S. 96 u. 107; *Meyer-Anschütz*, Lehrbuch d. dt. Staatsrechts, 7. Aufl., 1919, S. 672, FN 7.

[191] Vgl. oben, Drittes Kap., A.

[192] R. *Carré de Malberg*: La Loi, expression de la volonté générale, Paris 1931, zit. in C. *Schmitt*, a.a.O., S. 256; *Carré de Malberg*: Théorie générale de l'Etat, Bd. I, Paris 1920, Neudruck Paris 1962, S. 587.

[193] Vgl. *Merle*, a.a.O., S. 342.

[194] Die in der Zeit der Bismarckschen Verfassung entstandene herrschende Lehre (vgl. oben, FN 190) verlangte nur, daß die Ermächtigung irgendwie angab, worauf sie sich bezog, nicht aber, daß sie sonst ihrem Inhalt nach begrenzt war: vgl. Carl *Schmitt*, Vergleichender Überblick, a.a.O., S. 261 mit Hinweis auf Heinrich *Triepel*, Verhandlungen des 32. deutschen Juristentages, S. 19; *Meyer-Anschütz*, a.a.O.

[195] Vgl. Hartwig *Bülck*: Weltgesundheitsorganisation, in Strupp-Schlochauer, Wörterbuch, Bd. III, 1962, S. 819: „eine gegenüber anderen zwischenstaatlichen Verwaltungsformen weitreichende Befugnis"; vgl. auch Günther *Schulz*: „Zur Herausbildung einer Gesetzgebung kommt es erst am Ende der rechtsgeschichtlichen Entwicklung nach Entstehung von Verwaltung und Rechtsprechung" (mit weiteren Hinweisen: Entwicklungsformen, S. 3).

R. H. Mankiewicz sieht einen der innerstaatlichen Gewaltenteilung vergleichbaren Fall in Art. 90 des Chicagoer Internationalen Luftfahrtabkommens vom 7. Dezember 1944[196], doch dürfte dies schon wegen des geringen Verbindlichkeitsgrades der Beschlüsse äußerst fraglich sein.

Aber auch wenn einer internationalen Organisation umfangreichere, obwohl in ihrer Begrenztheit immer noch als VO-Befugnisse anzusehende Rechtsetzungsmöglichkeiten eingeräumt würden, — etwa durch Fortfall des einzelstaatlichen Ablehnungsrechtes — so würde doch ein Vergleich mit der innerstaatlichen Gewaltenteilung immer noch daran kranken, daß dann hier nur die „Exekutive", nicht aber auch die „Legislative" institutionalisiert wäre, letztere vielmehr weiter der Staatengemeinschaft als solcher zuständige.

Eine umfassende Ausstattung mit Rechtsetzungsbefugnissen müßte daher bei der Organisation zur Ausbildung echter Gesetzgebungsbefugnisse führen, die dann in einem bestimmten Verhältnis der Zuständigkeitsabgrenzung mit derjenigen zu konkurrieren hätte, die weiterhin den Staaten zuständige und auch in Zukunft deren einhelligen Gesamtakt erforderte.

Zu dem Begriff der VO gehört es weiter, daß es der gesetzgebende Wille selbst ist, der die Ermächtigung erteilt. Die WGVers. setzt die Verbindlichkeit ihrer Beschlüsse zwar nur in Ausübung all der vielen staatlichen Einzelrechte, doch ist es gerade die Gesamtheit der ermächtigenden staatlichen Willen, die im VR die Funktion des Gesetzgebers innehat. Die sich aus dieser Willensgesamtheit herleitende Rechtsetzung kann somit als vr. VO bezeichnet werden[197].

Für die völkerrechtliche Verordnung kommt es daher in erster Linie auf ihren Charakter als *sekundäre, abgeleitete Rechtsetzung* an, der im Rahmen von Art. 21, 22 SWHO durch die enge Einschränkung der Ermächtigung gewährleistet ist, die nur Regelungen ganz bestimmter Art im Rahmen einer fest umrissenen Materie zu dem angegebenen besonderen Zweck ermöglicht und außerdem noch dem staatlichen Ablehnungsund Vorbehaltsrecht unterworfen ist.

Das Ablehnungsrecht widerspricht dem Charakter als VO nicht. Auch im innerstaatlichen Bereich gibt es die Möglichkeit, eine Ermächtigung so

---

[196] R. H. *Mankiewicz:* L'adoption des annexes à la convention de Chicago par le Conseil de l'OACI, in Beiträge zum internat. Luftrecht, Festschrift für Alex Meyer, 1954, S. 92.

[197] Gleichsam durch eine „*Probe*" auf die angestellte Rechnung erweist sich hier die Richtigkeit einer Charakterisierung des vrn. Vertrages als rechtsetzender, im engeren Sinn gesetzgebender Akt. Nur so werden die Beschlüsse als abgeleitete Rechtsetzung, als VO, verständlich. Unlogisch erscheint es dagegen, den vrn. Vertrag nur rechtsgeschäftlich sehen, trotzdem aber aus ihm einen Fall echter Rechtsetzung „ableiten" zu wollen.

zu erteilen, daß die zu erlassende VO noch einem Ablehnungsrecht des Parlamentes ausgesetzt bleibt[198].

dd) Die Frage einer innerstaatlichen Verbindlichkeit der vrn. VO

Das Verfahren nach Art. 22 SWHO bindet die Mitgliedstaaten. Von einer auch innerstaatlichen Verbindlichkeit der Beschlüsse ist in Art. 22 nicht die Rede. Bei der Ausarbeitung der Satzung ist zwar von einem neuen Verfahren zur Begründung vrr. Verbindlichkeit gesprochen worden, jedoch nicht davon, daß diese vr. Verbindlichkeit auch den besonderen Charakter innerstaatlich geltenden Rechts haben soll.

Die Frage, ob die Beschlüsse gegenüber den innerstaatlichen Gesundheitsbehörden, deren Verhalten sie regeln, unmittelbar, d. h. ohne daß es hierzu noch eines besonderen staatlichen Aktes bedürfte, anwendbar sind, ist somit nach den allgemeinen Grundsätzen zu beantworten.

Die monistische Theorie mit Vorrang des Staatsrechts verlangt das Tätigwerden der staatlichen Rechtsetzungsorgane zum Entstehen jeglicher Form des Rechtes, die dualistisch-pluralistische die Transformation eines Rechtssatzes aus dem Bereich des VRs in den anderen, ebenfalls in sich geschlossenen des Landesrechts. Aber auch gemäßigte Vertreter der mo-

---

[198] In der *Bundesrepublik Deutschland* vgl. das weitgehende Zustimmungserfordernis des Bundesrates nach Art. 80 Abs. 2 GG.

Vgl. auch z. B. § 3 des Reichsgesetzes über die Ermächtigung des Bundesrats zu wirtschaftlichen Maßnahmen vom 4. August 1914 (RGBl. S. 327), zit. in C. Schmitt, Vergleichender Überblick ..., a.a.O., S. 261: „Der Bundesrat wird ermächtigt, ... Diese Maßnahmen sind dem Reichstag bei seinem nächsten Zusammentritt zur Kenntnis zu bringen und auf sein Verlangen aufzuheben."

In *England* erlangen die von der Verwaltung erlassenen Verordnungen in wichtigen Fällen erst Gültigkeit, nachdem das Parlament seine Zustimmung gegeben hat. Gegen eine andere Gruppe von Verordnungen kann das Parlament innerhalb einer bestimmten Frist einen Aufhebungsantrag stellen (Herman *Finer*: Theory and Practice of modern Government, dt. Übers.: „Der moderne Staat", 1958, Bd. II, S. 464).

In den *Vereinigten Staaten* wurde — allerdings als Ausnahmeregelung — in dem Reorganization Act von 1938 festgelegt, daß die vom Präsidenten zur Schaffung einer zweckmäßigen Ressorteinteilung der Verwaltung erlassenen Verfügungen erst Gültigkeit erlangen, wenn der Kongreß innerhalb einer bestimmten Frist keine Einwendungen erhoben hat (*Finer*, a.a.O., S. 469).

Vgl. auch Art. 60 a der Verfassung der *Niederlande* (zit. nach: Die niederländischen Verfassungsbestimmungen über die auswärtige Gewalt in der Fassung vom 22. Mai 1953, dt. Übers., in ZaöRV, Bd. XV, (1953/54), S. 207 ff. (S. 208)): Die vor der Ratifizierung internationaler Verträge notwendige Zustimmung der Generalstaaten *„wird als erteilt angesehen*, wenn nicht binnen 30 Tagen nach Vorlage des Vertrages durch oder im Namen einer der Kammern der Generalstaaten oder durch zumindest ein Fünftel der verfassungsmäßigen Anzahl der Mitglieder einer der Kammern der Wunsch zu erkennen gegeben wird, den Vertrag der Aussprache in den Generalstaaten zu unterwerfen, oder wenn beide Kammern der Generalstaaten vor Ablauf dieses Termins erklären, daß keine Aussprache verlangt wird."

nistischen Theorien mit Vorrang des VRs räumen ein, daß es grundsätzlich die Staaten selbst sind, die die vrn. Verträge zu vollziehen haben[199],
daß sie diese durch eigenes Gesetz oder eigene VO innerstaatlich durch-
führen[200].

Eine Beantwortung der Frage nach der unmittelbaren innerstaatlichen
Geltung richtet sich damit danach, ob in den einzelnen Landesrechten Bestimmungen enthalten sind, die die Beschlüsse der WGVers. für unmittelbar anwendbar erklären. In Art. 22 der ratifizierten und in innerstaatliches Recht transformierten Satzung kann eine solche Regelung nicht
ohne weiteres gesehen werden[201], da hierin nur von der Beschleunigung
des völkerrechtlichen Bindungsverfahrens gesprochen wird, nicht aber
eine Aussage über den innerstaatlichen Rechtsetzungsprozeß getroffen
werden soll. Die Staaten konnten bei der Ratifikation vielmehr auch davon ausgehen, daß das Ablehnungsrecht genügen müsse, um einen Konflikt zwischen VR und Landesrecht zu vermeiden, so daß sie sich zu einer
Entscheidung über das Ja oder Nein der innerstaatlichen Geltung gar
nicht aufgerufen fühlten.

Es bleibt den einzelnen Staaten damit weiter überlassen, ob sie ihrer
vrn. Verpflichtung im Wege der Gesetzgebung, der VO oder etwa eines
innerbehördlichen Erlasses nachkommen wollen.

Andererseits liegt es freilich nahe, daß die Staaten, um bei der Erfüllung ihrer vrn. Verpflichtung nicht in Verzug zu kommen, auch das innerstaatliche Verfahren erleichtern, etwa indem sie ausdrücklich auf eine
parlamentarische Kontrolle verzichten und auch die Veröffentlichung im
Amtsblatt der internationalen Organisation genügen lassen[202].

---

[199] Paul *Guggenheim:* Völkerrecht und Landesrecht, in Strupp-Schlochauer,
Wörterbuch, Bd. III, 1962, S. 656.

[200] Alfred *Verdross:* Lehrb. d. VRs, 5. Aufl., 1964, S. 117; a. A. Georges
Scelle: Droit International Public, 1944, S. 471; Hans *Kelsen* dagegen heute
ebenfalls gemäßigt: Principles of International Law, 1952, S. 419 ff.

[201] a. A. Paul *Guggenheim:* La procédure de création d'actes constitutifs
d'une Organisation Internationale et la mise en vigueur de ses règlements
techniques, Schweiz. Jahrb., Bd. X, (1953), S. 203, FN 3; auch nach Wilhelm
Wengler handelt es sich bei den Beschlüssen um „völkerrechtlich gebotenes
staatliches Recht" (VR, Bd. I, S. 473, FN 3) bzw. um „generell zu innerstaat-
lichem Recht deklariertem normativen Inhalt" (S. 476, FN 3); vgl. aber die
verschiedene Praxis der einzelnen Staaten (*Wengler*, a.a.O., S. 473, FN 3); die
Auslegung des Art. 22 SWHO muß daher *den Staaten selbst überlassen
werden*.

[202] So für *Frankreich:* Marcel Merle: Le pouvoir réglementaire, Ann. Fr.,
Bd. IV, Paris 1958, S. 357; für *Amerika* etwa durch Zurechnung zu den „executive agreements".

Die *Bundesrepublik Deutschland* hält allerdings an der Praxis eines Trans-
formationsgesetzes fest, das dann mit Rückwirkung auf den Tag des vrn.
Inkrafttretens erlassen wird (vgl. BGBl. 1965 II, S. 1413 ff., zit. oben, Erstes
Kap., V, a. E.).

Von einer grundsätzlich sofortigen innerstaatlichen Anwendbarkeit der Beschlüsse kann jedoch nicht ausgegangen werden[203].

Es liegt auch nicht im Wesen der vrn. VO als einer abgeleiteten Setzung von VR, daß sie Rechte und Pflichten für Einzelpersonen begründen muß und sich nicht nur an die Staaten selbst wenden darf. Ein solches Verständnis der vrn. VO in Art. 189 EWG- und Art. 161 Euratomvertrag[204] ist eine Besonderheit und nicht das Ergebnis einer rechtstheoretischen Einschränkung des Begriffes.

ee) Die grundsätzliche analoge Anwendbarkeit des Vertragsrechtes

Aus einer teleologischen, dem Zweck der Vorschrift folgenden Auslegung der Art. 21, 22 SWHO ergibt sich weiter, daß die Beschlüsse der WGVers. grundsätzlich analog Vertragsrecht zu behandeln sind.

Durch das neue Verfahren sollten nicht die Rechtsfolgen des Vertragsschlusses und damit das Recht der bisher durch Vertrag gesetzten Bindung geändert werden, sondern nur die Art ihrer Entstehung. Das allgemeine Vertragsrecht bleibt daher auf dieses einseitige Rechtsetzungsverfahren analog anwendbar.

Dies wird meist dadurch betont, daß von einer Fiktion der Annahme gesprochen wird[205]. Das Institut der Fiktion ist jedoch nicht das einzige Mittel, sondern nur eine bestimmte sprachliche Form der Verweisung und als solche in Art. 22 SWHO nicht verwendet[205]. Zur analogen Anwendung des Vertragsrechtes ist also weder die Figur einer Fiktion noch die Konstruktion einer konkludenten Annahme[206] erforderlich.

Die Beschlüsse können analog Art. 102 UNO-Charter wie Verträge registriert werden und sind auch im Rahmen von Art. 38 des Statuts des IGH wie Verträge zu behandeln.

---

[203] Diesbezüglich ist gegenüber der Rechtswirkung der alten Gesundheitsabkommen (vgl. Cino *Vitta:* Le Droit Sanitaire International, RC, Bd. 33, (1930 III), S. 562) keine Änderung eingetreten.
Diese Ansicht dürften auch alle jene vertreten, die von einer *„stillschweigenden Annahme"* oder ihrer *Fiktion* ausgehen und so die allg. Vertragsgrundsätze für anwendbar erklären (vgl. oben, Drittes Kap., B II 2 a und b). Dagegen muß Charles Henry *Alexandrowicz* widersprochen werden, der in World Economic Agencies, 1962, S. 126, einen „direct impact on the municipal law of member countries" annimmt, und C. Wilfred *Jenks,* der die Beschlüsse in The Common Law of Mankind, 1958, S. 186, als „applicable to health administrations and to individuals in all parts of the World" bezeichnet.

[204] Hanspeter v. *Meibom:* Die Rechtsetzung durch die Organe der europäischen Gemeinschaften, Betriebsberater, Bd. 14, (1959), S. 128; Hans-Jürgen *Rabe:* Das Verordnungsrecht der europäischen Wirtschaftsgemeinschaft, 1963, S. 31.

[205] Vgl. oben, Drittes Kap., B II 2 b.

[206] a. A. Matteo *Decleva:* Gli accordi taciti internazionali, S. 115; vgl. oben Drittes Kap., B II 2 a.

Gewisse Einschränkungen ergeben sich jedoch in Fortführung jener beinahe kontinuierlichen Entwicklung, die vom zweiseitigen über den mehrseitigen und quasi-universellen Vertrag in Verbindung mit einer Festlegung seines Inhalts durch eine internationale Organisation bis hin zu der hier vorliegenden einseitigen Rechtsetzung geführt hat, bei der Auslegung der Beschlüsse, da hier einerseits auf den Organisationswillen abzustellen ist[207], gleichzeitig aber — damit das Ablehnungsrecht der Staaten seinen Sinn behält — auch auf dessen Erkennbarkeit gegenüber diesen in dem Zeitpunkt, in dem sie über die Ablehnung zu entscheiden haben[208].

---

[207] Vgl. Art. 112 der IGO, wonach in erster Linie die Organisation selbst zur Interpretation ihrer Beschlüsse zuständig ist.

[208] Vgl. bezüglich der Notwendigkeit einer objektiven staatlichen Entscheidungsmöglichkeit, zu der auch die Erkennbarkeit des Inhalts der Beschlüsse gehört, unten, Viertes Kap., III 1.

Viertes Kapitel

Die Rechtsnatur des Ablehnungs- und Vorbehaltsrechtes

I. Der Zugang der Ablehnungserklärung als auflösende oder ihr Nichtzugang als aufschiebende Bedingung der Verbindlichkeit

1. Der Zeitpunkt des Inkrafttretens

Nach Art. 22 SWHO treten die Regelungen nach Bekanntgabe des Beschlusses[1] für alle Mitgliedstaaten in Kraft, außer für solche, die rechtzeitig ihre Ablehnung oder einen Vorbehalt erklärt haben. Der genaue Zeitpunkt des Inkrafttretens ist in den einzelnen Beschlüssen selbst festgesetzt, und zwar auf einen Termin, der bisher zwischen 6½ Monaten und 10 Tagen nach Ablauf der unterschiedlich langen Erklärungsfristen lag[2].

Da sowohl Art. 22 der Satzung als auch die einzelnen Beschlüsse ausdrücklich von einem „in Kraft Treten" der Regelungen sprechen (to enter into force, entrer en vigueur), ist eine Unterscheidung dahingehend nicht möglich, daß Art. 22 die beschlossenen Vorschriften schon unmittelbar nach ihrer Bekanntgabe für alle Mitgliedstaaten verbindlich werden läßt, während in den Beschlüssen selbst nur der Termin für ihren Vollzugsbeginn auf ein späteres Datum festgesetzt wird[3], zu dem der Kreis der endgültig gebundenen Staaten bereits übersehen werden kann[4] und zu

---

[1] In den Urtexten heißt es hier: „... after due notice has been given ..." (UNTS, Bd. 14, S. 193), „... leur adoption ... ayant dûment notifiée ..." (a.a.O., S. 211), „... despues de que se haya dado ..." (a.a.O., S. 265).

[2] Die internationalen Gesundheitsvorschriften vom 25. Mai 1951 traten gute 6½ Monate nach Ablauf der mit Bekanntgabe des Beschlusses beginnenden neunmonatigen Frist in Kraft.
Bezüglich der zweiten Änderung vom 23. Mai 1966 trat der eine Teil (hinsichtlich der Gesundheitskontrolle über den Reiseverkehr der Pilger) 10 Tage nach einer sechsmonatigen Frist in Kraft, der andere (hinsichtlich des Formblattes: Internationale Bescheinigung über Impfung oder Wiederimpfung gegen Pocken) 10 Tage nach einer dreimonatigen.

[3] Die Unterscheidung zwischen dem Zeitpunkt des in Kraft Tretens (entrer en vigueur), von dem an ein Vertrag vr. verbindlich ist, und dem seines Wirksamwerdens (devenir effectif), von dem an er zu erfüllen ist (daher auch mise en exécution), wird in der frz. Terminologie streng eingehalten. Vgl. Wilhelm *Wengler*, VR I, S. 233, 234.

[4] Wozu auch alle Vorbehalte ausgewertet sein müssen.

dem etwa notwendige innerstaatliche Maßnahmen bereits getroffen werden konnten.

Art. 22 besagt vielmehr ausdrücklich, daß die Beschlüsse für solche Staaten, die zwar fristgerecht aber meist erst geraume Zeit nach der Bekanntgabe ihre Ablehnung erklären, *nicht* verbindlich werden, d. h. auch bis dahin noch nicht verbindlich geworden sind.

Die Bekanntgabe des Beschlusses ist damit keine Zeitbestimmung, sondern nur eine Bedingung für den späteren Eintritt der Verbindlichkeit.

Die deutsche Übersetzung muß daher auch „*nach* Bekanntgabe" und darf nicht wie bei Hartwig Bülck[5] „*mit* Bekanntgabe" lauten[6]. Den gleichen Übersetzungsfehler begeht Claude-Albert Colliard, wenn er schreibt, die Vorschriften träten für alle Mitgliedstaaten in Kraft „*dèsque* son adoption a été notifiée aux Etats"[7].

2. Die Nichtablehnung als aufschiebende Bedingung

Die Folge dieses Fehlers zeigt sich darin, daß Colliard das Ablehnungsrecht nur als Möglichkeit des „se dégager" ansieht[8]. Da durch Erklärung der Ablehnung nach Art. 22 SWHO nicht aus einer, wenn auch nur latent bestehenden Verpflichtung ausgestiegen, sondern vielmehr deren Entstehen von vornherein ausgeschlossen werden soll, ist auch der von Merle für das Ablehnungsrecht gebrauchte Ausdruck eines „pouvoir de nullification"[9] abzulehnen und der von ihm an anderer Stelle[10] verwendete Begriff der „désapprobation" vorzuziehen.

Auch der englische Ausdruck „contracting out" kann nur so verstanden werden, daß hier im Gegensatz zu einem „contracting in" auf den negativen Charakter der Erklärung abgestellt wird, nicht aber, daß aus

---

[5] Hartwig *Bülck:* Weltgesundheitsorganisation, in Strupp-Schlochauer, Wörterbuch, Bd. III, 1962, S. 819.

[6] Die gleiche Unterscheidung findet sich im spanischen Originaltext, UNTS, Bd. 14, S. 265, wo es „despues de que" und nicht „desde que" heißt.

[7] Claude-Albert *Colliard:* Institutions Internationales, 1956, Nr. 511, S. 449; besonders eklatant äußert sich dieser Fehler auch bei Hanna *Saba:* Certains aspects de l'évolution dans la technique des traités et conventions internationales, Rev. gén., Bd. 54, (1950), S. 419, und ders.: L'activité quasi-législative des institutions spécialisées des Nations Unies, RC, Bd. 111, (1964 I), S. 615: „Les règlements adoptés par l'Assemblée de la Santé doivent entrer *immédiatement* en vigueur pour tous les Etats membres des leur notification, exception faite pour tels membres qui feraient connaître, dans des délais déterminés, qu'ils ne peuvent exécuter ces règlements, ou y formulent certaines réserves."

[8] *Colliard*, a.a.O.

[9] Marcel *Merle*, a.a.O., S. 356.

[10] a.a.O., S. 354.

einer schon bestehenden Verbindlichkeit ‚herauskontrahiert" werden solle. Das gleiche gilt für die von D. W. Bowett[11] und Inis L. Claude[12] verwendete Bezeichnung „to opt out".

Die Verbindlichkeit der Beschlüsse ist somit gegenüber den einzelnen Staaten aufschiebend bedingt durch die Nichterklärung ihrer Ablehnung innerhalb bestimmter Frist[13].

II. Die Rechtswirkung der Ablehnung

Die Ablehnung schließt bezüglich des sie erklärenden Staates jegliche Verbindlichkeit der Beschlüsse aus. Sie verhindert damit nicht nur deren Anwendung[14], sondern besser gesagt deren Anwendbarkeit[15] und beschränkt ihren Geltungsbereich auf die Zahl der eine solche Ablehnung nicht erklärt habenden Staaten.

Der Begriff der vrn. VO soll nicht in dem Sinn verstanden werden, daß die Beschlüsse der WGVers. unmittelbar nach ihrer Verkündigung für alle Staaten verbindlich werden müssen. Es ist vielmehr darauf abzustellen, daß die Vorschriften auf allgemeine Geltung innerhalb einer Rechtsgemeinschaft hin angelegt sind und es die Organisation selbst ist, die durch Beschluß und Bekanntgabe alle rechtskonstitutiven Bedingun-

---

[11] D. W. *Bowett:* The Law of International Institutions, 1963, S. 123, 125.

[12] Inis L. *Claude,* Jr.: Swords into plowshares, 3. Aufl., 1964, S. 116.

[13] Vgl. Max *Sørensen:* Principes de Droit International Public, RC, Bd. 101, (1960 III), S. 103: „En cas de passivité, l'Etat est lié, mais en dernière analyse ce n'est pas la passivité qui engage l'Etat. L'obligation a été créée par l'adoption du règlement, à la condition qu'elle ne soit pas expressément refusée."

[14] Marcel *Merle* spricht von einem „droit de réfuser l'application du texte" (a.a.O., S. 354) und von der Möglichkeit eines „échapper à ses dispositions" (S. 357).
Auch Hanna *Saba:* L'activité quasi-législative, a.a.O., S. 479, läßt die Vorschriften allein durch die Tatsache der Bekanntgabe ihrer Annahme durch die Versammlung in Kraft treten und billigt den Mitgliedstaaten nur zu „la faculté de faire connaître au Directeur général, dans les délais prescrit par la notification, qu'ils se refusent à l'application des textes votés ou font des réserves à leur sujet".
Ähnlich Paul *Reuter:* Organisations internationales et évolution du droit, in L'Evolution du Droit Public, Etudes Achille Mestre, 1956, S. 452: „Dans d'autres cas l'Organisation dispose bien d'une compétence législative dans des matières mineurs il est vrai, mais les Etats peuvent par une manifestation expresse de leur volonté écarter l'application des règlements auquels ils s'opposent."

[15] So Charles Henry *Alexandrowicz:* World Economic Agencies, S. 126, „... member countries whose ... disapproval may negative the applicability of regulations and standards in individual cases", und Günther *Jaenicke:* VRsquellen, Strupp-Schlochauer, Wörterbuch, Bd. III, S. 772, Anm. C 5, „Recht, ... durch einseitige Erklärung innerhalb bestimmter Frist diese verbindliche Wirkung auszuschließen."

gen setzt, damit die so erlassene Regelung zu einem späteren Zeitpunkt
für jeden einzelnen Staat bei Ausbleiben von dessen Gegenerklärung in
Kraft treten kann.

III. Der Gebrauch des Ablehnungsrechtes

1. Die Notwendigkeit einer tatsächlichen Entscheidungsmöglichkeit: Die Rechtsgültigkeit verspätet eingegangener Erklärungen

Die Staaten haben sich das Ablehnungsrecht vorbehalten, um sich so
die Möglichkeit einer eigenen letztinstanzlichen Entscheidung zu bewahren.

Um diesen Zweck auch im Rahmen der Nomenklaturvorschriften vom
24. Juli 1948 zu sichern, hat die 2. WGVers. durch Beschluß vom 13. Juni
1949[16] den Art. 20 dieser Bestimmungen dahingehend abgeändert, daß die
Frist zur Abgabe von Vorbehalts- und Ablehnungserklärungen nicht
schon mit der Beschlußfassung selbst, sondern erst mit der Bekanntgabe[17]
beginnen soll. Der Ausschuß für Verfassungsangelegenheiten (Committee
on Constitutional Matters) hatte die von ihm empfohlene Änderung damit begründet, daß der einzelne Staat eine *faktische Entscheidungsmöglichkeit* haben müsse und es hierzu notwendig sei, ihn gebührend in
Kenntnis zu setzen und für einen ausreichenden Entscheidungszeitraum
zu sorgen. Wenn die Staaten ohne die Möglichkeit eigener gründlicher
Prüfung gebunden würden, so könne dies dazu führen, daß einzelne
Staaten trotz vrr. Gebundenheit faktisch nicht in der Lage wären, ihre
Verpflichtungen zu erfüllen[18].

Hier zeigt sich ein gewisser Unterschied zu der innerstaatlichen Regelung, wie sie sich etwa in Großbritannien findet, wonach dem Parlament
bei einzelnen VOen innerhalb bestimmter Frist das Recht zusteht, deren
Aufhebung zu verlangen[19]. Die legislative Körperschaft ist dort wegen
des Mangels an Sachkenntnis und Zeit gar nicht in der Lage, alle VOen
zu prüfen und über ihr Inkrafttreten zu entscheiden. Wegen Überbean-
spruchung kann sie sich nur mit solchen VOen befassen, die eine Sonder-
kommission einer Entscheidung für bedürftig hält und ihr vorlegt[20].

---

[16] Beschluß WHA 2.93, Off. Rec. Nr. 21, Annex 13, S. 383 f.; vgl. oben,
Erstes Kap. II.

[17] C. *Labeyrie-Ménahem:* Des Institutions Spécialisées, 1953, S. 137 f., betont die Notwendigkeit einer deutlichen Bekanntgabe, aus der auch der besondere Charakter der in ihr enthaltenen Beschlüsse hervorgeht, damit die
Mitgliedstaaten ihre Verpflichtungen erkennen können.

[18] Off. Rec. Nr. 21, S. 309.

[19] Hermann *Finer:* Der moderne Staat, 1958, Bd. II, S. 464 ff.; vgl. oben,
Drittes Kap., B III 3, FN 198.

[20] *Finer,* a.a.O.

Während nach dem innerstaatlichen Verfahren eine Entscheidung für jeden Einzelfall gar nicht getroffen werden kann, ging man bei der Ausarbeitung der SWHO davon aus, daß den Staaten eine tatsächliche Entscheidungsmöglichkeit erhalten bleiben und nur in solchen Fällen eine Bindungswirkung eintreten sollte, in denen zwar objektiv eine Entscheidungsmöglichkeit bestanden hatte, diese aber aus Nachlässigkeit oder anderen, im freien Entschluß der Staaten stehenden Gründen nicht zu einer Ablehnung ausgenutzt worden war.

Charles M. Chaumont betont, daß eine internationale Organisation nur im Zusammenhang mit ihrem Zweck gesehen werden darf, da sie allein als Mittel zu dessen Verfolgung geschaffen wurde und ein Hinausgehen über diese Mittel-Zweck-Ausrichtung das Prinzip der Spezialität verkennen würde[21].

Es entspricht damit nicht nur dem Grundsatz restriktiver Auslegung vrr. Verpflichtungen, sondern gerade der im Rahmen internationaler Organisationen üblichen teleologischen[22] Auslegung, wenn als ein Ergebnis festgehalten wird, daß an den Beschluß der WGVers. solche Staaten nicht gebunden sein sollen, die durch unvorhergesehene Ereignisse (etwa innerstaatliche Unruhen), der faktischen Möglichkeit, sich überhaupt mit den Beschlüssen zu befassen und eine Erklärung abzugeben, beraubt waren[23]. In einem solchen Fall muß eine stillschweigende Verlängerung der Erklärungsfrist angenommen werden, bis zu einem Zeitpunkt, bei dem davon ausgegangen werden kann, daß die objektive Möglichkeit, die Rechte aus Art. 22 SWHO wahrzunehmen, inzwischen eingetreten ist.

Es handelt sich also nicht — wie der oben zitierte Ausschuß für Verfassungsangelegenheiten angenommen hat — um das Problem, daß bei Fehlen einer objektiven Entscheidungsmöglichkeit einzelne Staaten ihre durch den Beschluß ausgesprochenen Verpflichtungen unter Umständen faktisch nicht erfüllen können, sondern darum, daß in solchem Falle eine vr. Verbindlichkeit überhaupt nicht entsteht.

---

[21] Charles M. *Chaumont*: La Signification du principe de spécialité des Organisations Internationales, Mélanges Henri Rolin, 1964, S. 59.

[22] Hiernach ist es bei der Auslegung von Satzungen internationaler Organisationen insofern auch auf teleologische Gesichtspunkte abzustellen, als eine restriktive Auslegung dort ihre Grenzen finden muß, wo sie zur Lähmung der Institution und damit zur Vereitelung des ihr von den Mitgliedern beigeordneten Zweckes zu führen droht. (Vgl. Ingrid *Detter*: Law Making by International Organizations, 1965, S. 26 ff.)

[23] Auch die *anderen Theorien*, die die Verbindlichkeit der Beschlüsse nicht auf einen rechtsetzenden Akt der Organisation gründen, müssen zu dem gleichen Ergebnis gelangen. Soll eine Annahme *vermutet* werden, so muß die objektive Unmöglichkeit von Entscheidung und Erklärung als eine die sonst unwiderlegbare Vermutung derogierende Einrede anerkannt werden. Damit Schweigen als tatsächliches Verhalten *zurechenbar* sein kann, darf nicht die Möglichkeit zu anderem Handeln objektiv gefehlt haben.

Eine gewisse Tendenz der WGVers., das Verfahren nach Art. 22 nicht allzu kleinlich zu handhaben, zeigt sich in ihrer Entscheidung, auch fristgerecht einlaufende Telegramme als Vorbehalt oder Ablehnung anzuerkennen, wenn auf eine solche, im einzelnen noch unbestimmte Erklärung bald ein detailliertes Schreiben folgt[24].

Während die Erklärung der norwegischen Regierung, die die am 25. Mai 1951 beschlossene IGO aus Verfassungsgründen ablehnte[25], von der WGVers. zurückgewiesen wurde[26], da sie erst am 12. März 1952, einen Tag nach Ablauf der festgesetzten Frist, eingegangen war, wurde vier Jahre später eine aus den gleichen Gründen gegen den Änderungsbeschluß vom 23. Mai 1956 erklärte Ablehnung der Bundesrepublik Deutschland, datiert und zugegangen am 21. Sept. 1956[27], ohne besondere Erklärung angenommen, obgleich auch hier die Frist bereits am Tag zuvor, einem Donnerstag, abgelaufen war.

Es läßt sich zwar keine Verpflichtung der Organisation ableiten, verspätete Erklärungen zu berücksichtigen, doch wird die Tendenz deutlich, nicht einseitig einen streng formellen Charakter des Verfahrens zu betonen.

2. Die Bestimmtheit der Entscheidung:
Die Rechtsgültigkeit vorzeitig eingegangener Erklärungen

Im Anschluß an die Behandlung verspätet zugegangener Erklärungen erhebt sich die Frage, inwieweit eine Ablehnung oder ein Vorbehalt auch vor Beginn der hierfür festgesetzten Frist erklärt werden kann.

Eine Antwort muß davon abhängig gemacht werden, ob und wann sich eine solche Erklärung noch als Ausübung des Rechtes aus Art. 22 SWHO darstellt und wann sie darüber hinausgehend bereits auf Abschaffung des Verfahrens als solchen ausgerichtet ist.

Die Erklärungen, die nach Art. 22 dem Generaldirektor innerhalb der festgesetzten Frist zuzugehen haben, zeichnen sich dadurch aus, daß sie auf *Einzelentscheidungen* zu den jeweiligen Beschlüssen beruhen.

Solche Einzelentscheidungen sollen zwar nur bis zum Ablauf der Frist erklärt werden dürfen, damit unter Erhaltung einer weitgehenden staatlichen Entscheidungsfreiheit zu den einzelnen Beschlüssen diese doch möglichst schnell eine möglichst umfassende Verbindlichkeit erlangen, doch wird dieser Zweck nicht dadurch beeinträchtigt, daß auch Erklärungen zu ganz bestimmten, jedoch erst in Zukunft zu erlassenden Beschlüs-

---

[24] Off. Rec. Nr. 42, S. 369.
[25] Vgl. oben, Erstes Kap., IV.
[26] Off. Rec. Nr. 42, S. 39.
[27] Off. Rec. Nr. 79, Annex 1, S. 511.

sen akzeptiert werden. Die Zurückweisung solcher im Voraus abgegebener *bestimmter* Vorbehalte und Ablehnungen würde vielmehr einen vom Organisationszweck nicht umfaßten und daher rechtswidrigen Eingriff in die einzelstaatliche Entscheidungsfreiheit darstellen.

In der *Praxis* haben solch vorzeitige Einzelerklärungen bisher insofern Berücksichtigung gefunden, als logischerweise die Änderungen der IGO für solche Staaten nicht in Kraft getreten sind, die schon die IGO selbst abgelehnt hatten, und als einmal erklärte Vorbehalte ihre Gültigkeit auch bezüglich nachfolgender Änderungen beibehalten[28].

Im Gegensatz zu solchen bestimmten und daher gültigen vorzeitigen Erklärungen ist die allgemeine Entscheidung, alle in Zukunft ergehenden Beschlüsse ablehnen zu wollen, auf Abschaffung des Verfahrens als solchen ausgerichtet und kommt insofern einem Antrag auf Austritt aus der Organisation gleich[29].

---

[28] Vgl. WHA 9.47, Off. Rec. Nr. 71, S. 34.

[29] Die WHO selbst bestreitet die Möglichkeit eines solchen Austritts. Dafür, daß sie doch — und zwar unterschiedslos für alle Mitgliedstaaten — besteht, spricht aber, daß die zusammen mit dem Beitritt der USA abgegebene Erklärung, sie sich vorbehalten zu wollen, nicht nach dem Verfahren, das zur Annahme eines Vorbehaltes zur Satzung erforderlich gewesen wäre, sondern durch einen einfachen „Beschluß mangels Einspruchs" der 2. WGVers. angenommen wurde; vgl. Edwin C. *Hoyt:* The Unanimity Rule in the Revision of Treaties, 1959, S. 68 ff.

Zur Frage einer Geltung der IGO für die osteuropäischen Staaten, die seinerzeit ihren Austritt aus der WHO erklärt hatten, daraufhin von der Org. als inaktive Mitglieder behandelt wurden und schließlich ihre Tätigkeit in ihr wieder aufgenommen haben, vgl. Claude-Henri *Vignes:* Organisation Mondiale de la Santé, Ann. Fr., Bd. 9, (1963), S. 632 ff.

Fünftes Kapitel

Der genossenschaftliche Charakter des Verfahrens nach Art. 21, 22 SWHO

I. Vergleich mit anderen Verfahren von genossenschaftlicher Natur

Im deutschen Genossenschaftsrecht hatte sich, noch bevor es zu körperschaftlichen Zusammenschlüssen mit der Möglichkeit bindender Majoritätsbeschlüsse gekommen war, das Institut einer *Folgepflicht* der Minderheit gegenüber der Mehrheit entwickelt[1]. Hiernach war die überstimmte Minderheit verpflichtet, sich dem Willen der Mehrheit anzuschließen und dadurch einen einstimmigen Beschluß zu ermöglichen. Ihr weiterer Widerspruch verhinderte zwar das Zustandekommen eines gültigen Gesamtaktes, stellte aber eine Verletzung der Folgepflicht und somit strafbares Unrecht dar.

Völkerrechtlich hat die Frage einer Folgepflicht oder besser gesagt einer Einschränkung des Rechtes zur Gegenstimme eine gewisse Rolle gespielt bei den Abstimmungen des Völkerbundrates. Da in diesem Gremium nur einige wenige Staaten saßen, die den Willen der Organisation hier anstelle der Mitgliedergesamtheit bildeten, sollten sie verpflichtet sein, sich in besonderem Maß nach den Gemeinschaftszielen auszurichten, und einen einstimmigen Beschluß nicht auf Grund entgegenstehender staatlicher Sonderinteressen verhindern dürfen[2].

Die genossenschaftliche Pflicht, der Entscheidung der Mehrheit zu folgen, würde nun die Willensfreiheit der Staaten weit mehr einschränken, als dies durch Art. 21, 22 SWHO geschehen sollte.

---

[1] Otto *v. Gierke:* Über die Geschichte des Majoritätsprinzips, S. 318 f.

[2] Diese Tendenz beschrieb Sir Francis *Bell* auf der Konferenz der Signatarstaaten des Unterzeichnungsprotokolls zum Statut des IGH (zit. nach Charles *De Visscher:* Quelques réflexions sur la règle de l'unanimité dans l'organisation internationale, Mélanges Ernest Mahaim, 1935, S. 109): „En admettant la nécessité de l'unanimité, tout membre du Conseil a le *pouvoir* d'opposer son véto au renvoi de n'importe quelle question pour avis consultatif; mais il n'est pas vrai que tout membre ait le *droit* de le faire. Un pareil emploi du pouvoir de véto serait absolument contraire à l'esprit du Pacte de la Société. Ce n'est point pour sauvegarder les intérêts de leurs pays respectifs et empêcher la discussion de questions susceptibles d'affecter des intérêts que siègent les membres du Conseil; ils sont là pour sauvegarder et surveiller les intérêts de la société tout entière."

Auch die Vereinbarung einer *Ehren- und Interessenklausel*, als Fall besonders lockerer vrr. Bindung, geht in gewissem Sinn über Art. 21, 22 SWHO hinaus, da die Berufung auf solch eine Klausel mit einer Verletzung der lebenswichtigen Interessen oder der Ehre eines Staates begründet wird, und diese Behauptung dann oft zu einem Streit über ihre Berechtigung führt.

Art 22 SWHO greift auch nicht, wie etwa ein Vertragsschluß durch einfache Unterschrift im *einstufigen Verfahren,* in die innerstaatliche Aufteilung bei der Ausübung der äußeren Gewalt ein, sondern beläßt dem Parlament weiter die Möglichkeit, seine Kontrollfunktion wahrzunehmen[3].

Auf den materiellen Charakter und die Funktion der Ablehnungsmöglichkeit eingehend, bezeichnet Merle[4] diese als *ebenso wirkungsvoll,* wie den Gebrauch des Ratifikationsrechtes.

Gierke stellt Ablehnungsrecht und Zustimmungserfordernis einander überhaupt gleich, wenn er, ohne auf ihren formalen Unterschied einzugehen, berichtet, daß für Beschlüsse der altdeutschen Marktgenossenschaften und Bauernschaften, die in die Sonderrechte der einzelnen Genossen eingriffen, deren Zustimmung erforderlich war und *daher* in solchen Fällen jedem Genossen ein formales Widerspruchsrecht eingeräumt wurde, das erst durch Verschweigung in Jahr und Tag erlosch[5].

Auch diejenigen, die das Ausbleiben einer Ablehnung als ordnungsgemäße Annahme darstellen wollen, betonen damit — wenn auch unter Leugnung der wesentlichen rechtlichen Verschiedenheit — die materielle Gemeinsamkeit der beiden Institute, die in der Aufrechterhaltung einer effektiven staatlichen Entscheidungsbefugnis liegt.

Durch Art. 21, 22 SWHO wird die Schwelle zur körperschaftlichen Organisation somit noch nicht überschritten. Das hier niedergelegte Verfahren führt das Institut bindender Mehrheitsbeschlüsse vielmehr in das

---

[3] Dies betont besonders: Anthony *Leriche:* Quelques réflexions sur l'adoption et la conclusion des accords multilateraux, Rev. de Droit Int. p. 1. Moyen Orient, 3. Jg., 1954, Nr. 2, S. 64, und Hans *Blix:* Treaty-making Power, 1960, S. 294. Die amerikanische Delegation auf der New Yorker Weltgesundheitskonferenz von 1946 erklärte, um die Bedenken gegen die Einführung des Art. 22 in seiner jetzigen Fassung zu zerstreuen: „Meist werden nur innerstaatliche Verordnungen zu ändern sein, um den Anforderungen der Internationalen Gesundheits-Vorschriften nachzukommen, was in den Exekutivbereich der Regierung fällt. Wenn mehr erforderlich ist, kann die Regierung ihre Stellungnahme vorbehalten und von dem Ergebnis einer notwendigen Vorlage an den Kongreß abhängig machen." US Dept. of State Publ. 2703, Conference Series 91, S. 17, zit. in W. R. *Sharp,* The new World Health Organization, AJIL, Bd. 41, (1947), S. 526.

[4] Marcel *Merle:* Le pouvoir réglementaire, Ann. Fr., Bd. IV, (1958), S. 356.

[5] Otto *v. Gierke,* a.a.O., S. 316 f.

konventionelle VR ein, ohne dessen genossenschaftlichen Charakter zu verändern[6].

Die Tatsache eines die schweigenden Staaten bindenden Mehrheitsentscheides darf nicht zu einer falschen Analogie endgültig verbindlicher Abstimmungsergebnisse verleiten. Den Grund eines solchen Fehlers stellt Inis L. Claude, Jr. heraus, wenn er schreibt: Viele Gedanken zu der Frage eines internationalen Abstimmungsverfahrens sind auf Annahmen gegründet, die von außen entliehen sind, statt auf Prinzipien, die mit besonderer Rücksicht auf die Erfordernisse internationaler Organisation entwickelt wurden[7].

Hier dagegen ist ohne Beeinflussung durch das innerstaatliche Recht, ausgehend von dem konkreten gemeinsamen Interesse der Staaten und der Notwendigkeit eines schnellen und wirkungsvollen vrn. Normierungsverfahrens, in fast kontinuierlicher Entwicklung aus dem konventionellen VR heraus, ein Verfahren einseitiger vrr. Rechtsetzung entwickelt worden, das den ihm zugrundeliegenden Anforderungen gerecht wird und trotzdem eine selbständige Entscheidungsmöglichkeit der Einzelstaaten beibehält[8].

Es trifft hier das Wort Max Hubers zu: „Die Ausbildung einer Kollektivorganisation ist keineswegs immer der Ausdruck einer stark fortgeschrittenen sozialen Integration; im Gegenteil, die besondere Organisation wird gebildet, um die Organisationen der beteiligten Staaten möglichst selbständig zu lassen[9]."

II. Das genossenschaftliche Verständnis einer unter dem Vorbehalt fristgemäßer Ablehnung stehenden einseitigen, heteronomen Rechtsetzung als Grundlage ihrer Einführung und Weiterentwicklung

Damit es nun in der Satzung der WHO zur Vereinbarung dieses neuen Rechtsetzungsverfahrens kommen konnte, war es notwendig gewesen,

---

[6] Auch D. W. *Bowett*: The Law of International Institutions, 1963, schreibt S. 120 unter Mitberücksichtigung der Technik nach Art. 21, 22 SWHO, der kooperative Charakter sei in jeder einzelnen Spezialorganisation erhalten geblieben.

[7] Inis L. *Claude*, Jr.: Swords into Plowshares, 3. Aufl., 1964, S. 111; vor einer falschen Analogie des innerstaatlichen Rechtes warnt insbes. Friedrich *Berber*: Zur Problematik der Rechtsquellen im internationalen Wasserrecht, in Festschrift für Gieseke, 1958, S. 117 ff., und ders.: Außenpolitik, VR und Staatsrecht, in Monatsschrift d. Vereinigung dt. Auslandsbeamten, Heft 2, 1964, S. 39.

[8] „tout en sauvegardant le principe traditionnel que l'Etat, en dernier ressort, est maître de ses engagements internationaux" (Max *Sørensen*: Principes de Droit International Public, RC, Bd. 101, (1960 III), S. 103.

[9] Max *Huber*: Beiträge zur Kenntnis der soziologischen Grundlagen des VRs, Jahrbuch d. öffentl. Rechts d. Gegenwart, Bd. IV, (1910), S. 73.

daß die einzelnen Staaten dessen Berechtigung innerhalb einer genossenschaftlichen Organisation erkannten und hier die Bedenken fallen ließen, die sie bis dahin grundsätzlich jeder Art von bindenden Mehrheitsbeschlüssen gegenüber besessen hatten.

Der allmähliche Abbau einzelstaatlicher Vorurteile gegenüber einer mangels Gegenerklärung eintretenden Bindungswirkung internationaler Beschlüsse äußert sich besonders deutlich in der *Haltung der Vereinigten Staaten.*

Im Jahre 1919 war noch der britische Vorschlag, die Mitgliedstaaten der ILO sollten an die von der Konferenz ausgearbeiteten Abkommensentwürfe gebunden sein, wenn diese nicht durch ihre legislativen Organe abgelehnt würden[10], an der amerikanischen Ablehnung gescheitert[11], da das Recht der Gesetzgebung allein beim amerikanischen Kongreß liege und der Exekutivgewalt nicht einmal unter dem Vorbehalt eines Vetorechtes übertragen werden könne[12].

Auch das Internationale Sanitätsabkommen für die Luftfahrt vom 12. April 1933[13] hatten die Vereinigten Staaten nur mit dem Vorbehalt unterschrieben, daß „no amendment to the convention will be binding on the Government of the United States of America ... unless such amendments be accepted by the Government of the USA"[14].

1946 dagegen trat die amerikanische Delegation im Rahmen der Verhandlungen über die Satzung der WHO als Hauptbefürworter für die neue Regelung der Art. 21, 22 ein[15].

So mögen die bisherige befriedigende Praxis im Gebrauch des Ablehnungsrechtes[16] und eine theoretische Klarheit über den genossenschaftlichen Charakter dieses völkerrechtlichen Verordnungsverfahrens gute Ausgangspunkte sein für eine geordnete und kontinuierliche Weiterentwicklung der einseitigen heteronomen Rechtsetzung im Völkerrecht.

---

[10] Vgl. oben, Zweites Kap., II 1. a. E.

[11] Cromwell A. *Riches:* Majority Rule in International Organization, S. 113.

[12] Official Bulletin of the ILO, Bd. I, S. 57, zit. in *Riches,* a.a.O.

[13] Vgl. oben, Zweites Kap., II 2.

[14] LNTS: Bd. CLXI, S. 103; *Riches,* a.a.O., S. 129.

[15] W. R. *Sharp:* The new WHO, AJIL, Bd. 41, (1947), S. 526.

[16] Ablehnungen wurden wie Vorbehalte grundsätzlich nur aus sachlichen Gesichtspunkten erklärt. Während gegen die IGO selbst 5 Staaten eine Ablehnung mit der Begründung erklärten, das Verfahren nach Art. 21, 22 SWHO widerspreche ihrer Verfassung, ist eine solche Praxis bei den nachfolgenden Änderungen nur noch von der Bundesrepublik Deutschland im wesentlichen beibehalten worden (vgl. oben, Erstes Kap., IV, V).

Thesen

1. Die Bindungswirkung der Beschlüsse kann nicht auf einen staatlichen Annahmewillen zurückgeführt und insofern nicht mehr als vertraglich angesehen werden.

2. Die Annahme der Satzung stellt nicht gleichzeitig die Annahme der erst später durch Beschluß festzulegenden Vorschriften dar.

3. Die Weltgesundheitsversammlung wird bei ihrem Beschluß nicht im Rahmen einzelstaatlicher Vollmacht tätig.

4. Bei dem Schweigen der Staaten handelt es sich nicht um eine konkludente Annahme. Eine dahingehende Auslegung ist unzulässig. Eine Annahme kann auch nicht vermutet werden, da die Bindungswirkung des Art. 22 SWHO gerade für solche Fälle geschaffen wurde, bei denen ein die beschlossenen Vorschriften betreffender Wille der Staaten in der Regel überhaupt nicht gebildet wird.

5. Die Vertragsvorschriften kommen auch insofern nicht direkt zur Anwendung, als schließlich eine staatliche Annahme auch nicht fingiert wird. Eine Fiktion — d. h. eine besondere gesetzestechnische Form der Verweisung, die jedoch noch keine Antwort auf die Frage nach dem Rechtsgrund dieser Verweisung gibt — liegt hier nicht vor.

6. Die Bindungswirkung soll auch nicht Rechtsfolge des staatlichen Schweigens als eines vorwerfbaren Verhaltens sein.

7. Die Bindungswirkung ist an den Beschluß geknüpft, doch stellt der Mehrheitsbeschluß als solcher noch nicht ihren Rechtsgrund dar.

8. Das Vorliegen einer Rechtsetzung im Völkerrecht bestimmt sich nach formellen Gesichtspunkten. Da alle Verträge im gleichen Verfahren durch Erklärung des gleichen Willens abgeschlossen werden, ist eine typenmäßige Trennung in rechtsgeschäftliche und rechtsetzende Verträge nicht möglich. Es stellen vielmehr alle Verträge nicht nur Rechtsgeschäfte sondern auch Rechtsetzungsakte dar, wenn man davon ausgeht, daß die bei Vertragsschluß erklärten Willen zu einem Gemeinwillen verschmelzen und wenn die Vertragsparteien bezüglich des Umfangs der durch ihren Gemeinwillen gesetzten Bindung eine eigene Rechtsgemeinschaft darstellen.

9. Ein Fall einseitiger völkerrechtlicher Rechtsetzung liegt vor, wenn der eine solche Rechtsgemeinschaft umfassende Wille den einzelstaatlichen Willen gegenüber äußerlich verselbständigt ist und ohne das Erfordernis obligatorischer Mitwirkung der Staaten verbindlich wird.

10. Völkerrechtliche Gesetzgebung, d. h. Ausübung der originären, umfassenden völkerrechtlichen Rechtsetzungsgewalt, geschieht grundsätzlich durch Vertrag, im Wege eines Gesamtaktes. Die einzelnen Staaten besitzen zwar selbst keine Rechtsetzungsbefugnis, sondern nur das Recht, durch ihre Erklärung eine für die eigene Gebundenheit notwendige Bedingung zu

setzen. In der gedachten Einheit des Gemeinwillens erscheint jedoch die Gesamtheit dieser einzelstaatlichen Rechte als echte Gesetzgebungsbefugnis.

11. Eine einseitige Rechtsetzung durch Mehrheitsbeschluß kann nur dann als Gesetzgebung angesehen werden, wenn die Staaten ihr Recht, durch eigene Erklärung die Bedingung der Verbindlichkeit zu setzen, auf den neuen Willen übertragen haben.

12. Im Rahmen von Art. 21, 22 SWHO ist die Organisation jedoch wegen des den Staaten zustehenden Ablehnungsrechtes und der sonstigen Begrenztheit der Rechtsetzungsbefugnis nur ermächtigt, dieses materiell bei den Mitgliedstaaten verbleibende Recht im eigenen Namen auszuüben.

13. Ein Fall besonderer Autonomie liegt nicht vor.

14. Die auf Grund der Ermächtigung erlassenen Vorschriften stellen sich als völkerrechtliche Verordnung dar, auf die — soweit dies mit ihrem Charakter als einseitige Rechtsetzung vereinbar ist — die Grundsätze des Vertragsrechtes analog anzuwenden sind.

15. Eine grundsätzlich auch innerstaatliche Verbindlichkeit der Beschlüsse besteht nicht.

16. Mit Bekanntgabe des Annahmebeschlusses der Weltgesundheitsversammlung an die Mitgliedstaaten sind alle rechtskonstitutiven Voraussetzungen für den späteren Eintritt der Verbindlichkeit erfüllt. Dieser bleibt jedoch im Verhältnis zu jedem der einzelnen Staaten noch bedingt durch das Ausbleiben von dessen fristgemäßer Gegenerklärung.

17. Fehlt im Einzelfall auf Grund unvorhergesehener Ereignisse die faktische Möglichkeit zu einer Entscheidung, so ist eine stillschweigende Verlängerung der Erklärungsfrist anzunehmen bis zu dem Zeitpunkt, bei dem davon ausgegangen werden kann, daß die objektive Möglichkeit, die Rechte aus Art. 22 SWHO wahrzunehmen, inzwischen eingetreten ist.

18. Vor Beginn der Erklärungsfrist eingehende Gegenerklärungen sind wirksam, soweit sie auf einer Einzelentscheidung zu einem bestimmten Beschluß beruhen.

19. Durch den Vorbehalt des Ablehnungsrechtes wird in Art. 22 SWHO das Institut einer Verordnung durch bindenden Mehrheitsbeschluß in das konventionelle Völkerrecht eingeführt, ohne dessen genossenschaftlichen Charakter zu verändern.

Literaturverzeichnis

Alexandrowicz, Charles Henry: World Economic Agencies, Law and Practice, New York 1962.

Anzilotti, Dionisio: Lehrbuch des Völkerrechts, Berlin und Leipzig 1929.

Arnold, R.: Treaty making procedure. A comparative study of the methods obtaining in different states, 1933.

Baker, Philip J. *Noel-*: The Codification of International Law, BYIL, Jg. 5 1924, S. 38 ff.

Balladore Pallieri, Giorgio: La formation des traités dans la pratique internationale contemporaine, RC, Bd. 74 (1949 I), S. 465 ff.

Bentz, Jacques: Le silence comme manifestation de volonté en droit international public, Rev. gén., Bd. 67 (1963), S. 44 ff.

Berber, Friedrich J.: Lehrbuch des Völkerrechts. Bd. I: Allgemeines Friedensrecht, München und Berlin 1960; Bd. III: Streiterledigung, Kriegsverhütung, Integration, München und Berlin 1964.

— Sicherheit und Gerechtigkeit. Eine gemeinverständliche Einführung in die Hauptprobleme der Völkerrechtspolitik, Berlin 1934.

— Die Rechtsquellen des internationalen Wassernutzungsrechts, München 1955.

— Epochen europäischer Gesamtordnung, in: Donaumonarchie, Heft 10, Budapest, Oktober 1942, S. 729 ff.

— Zur Problematik der Rechtsquellen im internationalen Wasserrecht, in: Beiträge zum Recht der Wasserwirtschaft und zum Energierecht. Festschrift für Paul Gieseke, Karlsruhe 1958, S. 117 ff.

— Außenpolitik, Völkerrecht und Staatsrecht, in: Monatsschrift der Vereinigung deutscher Auslandsbeamten E. V., Heft 2, 1964, S. 37 ff.

Bergbohm, Carl: Staatsverträge und Gesetze als Quellen des Völkerrechts, Dorpat 1877.

Berkov, Robert: The World Health Organization. A Study on Decentralized International Administration, Paris und Genf 1957.

Blix, Hans: Treaty-making Power, London 1960.

Bluntschli, I. C.: Das moderne Völkerrecht der civilisirten Staten, 2. Aufl., Nördlingen 1872.

Bourquin, Maurice: Règles Générales du Droit International de la Paix, RC, Bd. 35 (1931 I), S. 1 ff.

Bowett, D. W.: The Law of International Institutions, New York 1963.

Brierly, James Leslie: The Outlook for International Law. Dt. Übers.: Die Zukunft des Völkerrechts, Zürich 1947.

Brierly, James Leslie: Le Fondement du Caractère Obligatoire du Droit International, RC, Bd. 23 (1928 III), S. 467 ff.; Engl. Übers.: The Basis of Obligation in International Law, ausgewählt und herausgegeben von Sir Hersch Lauterpacht und C. H. M. Waldock, Oxford 1958.

Briggs, Herbert H.: The Law of Nations, 2. Aufl., London 1953.

Brockington, Fraser: The World Health Organization (WHO), in: The United Nations. The First Ten Years, herausgegeben von Ben Atkinson Wortley, Manchester 1957, S. 130—149.

Bülck, Hartwig: Der Strukturwandel der internationalen Verwaltung, Recht und Staat, Heft 247, Tübingen 1962.

— Föderalismus als internationales Ordnungsprinzip, VVDStRL, Heft 21 (1964), S. 1 ff.

— Internationale Verwaltungsgemeinschaften, in: Strupp-Schlochauer: Wörterbuch, Bd. III, Berlin 1962, S. 664 ff.

— Weltgesundheits-Organisation, in: Strupp-Schlochauer: Wörterbuch, Bd. III, Berlin 1962, S. 817 ff.

Cavaglieri, Arrigo: Corso di Diritto Internationale, 3. Aufl., Neapel 1934.

Chailley, P.: La nature juridique des traités internationaux selon le droit contemporain, Paris 1932.

Charpentier, Jean: La procédure de non objection (A propos d'une crise constitutionelle de l'ONU), Rev. gén., Bd. 70 (1966), S. 862 ff.

Chaumont, Charles M.: Recherche du contenu irréductible du concept de Souveraineté internationale de l'état, in: Hommage d'une Génération de Juristes au Président Basdevant, Paris 1960, S. 114 ff.

— La Signification du principe de spécialité des Organisations Internationales, in: Problèmes de Droit des Gens, Mélanges à Henri Rolin, Paris 1964, S. 55 ff.

Chayet, Claude: Les accords en forme simplifiée, Ann. Fr., Bd. III (1957), S. 3 ff.

Claude, Inis L., Jr.: Swords into Plowshares. The Problems and Progress of International Organization, 3. Aufl., New York 1964.

Codding, George A.: Contributions of the World Health Organization and the International Civil Aviation Organization to the development of International Law, in: Proceedings of the American Society of International Law at its 59th annual meeting held at Washington D. C. April 22—24 1965, Washington 1965; herausgegeben von der American Society of International Law, S. 147 ff.

Colliard, Claude-Albert: Institutions internationales, Grenoble 1956.

Corbett, P. E.: The Consent of States and the Sources of the Law of Nations, BYIL, Bd. VI (1925), S. 20 ff.

Dahm, Georg: Völkerrecht, Bd. I, Stuttgart 1958; Bd. II, 1961, und Bd. III, 1961.

Decleva, Matteo: Gli accordi taciti internationali, Padua 1957.

Detter, Ingrid: Law Making by International Organizations, Stockholm 1965.

Diena, Giulio: Diritto Internationale, Bd. I, Neapel 1908.

Dischler, Ludwig: Weltgesundheitsorganisation WHO, in: Dokumente (herausgegeben von der Forschungsstelle für VR und ausländisches öffentliches Recht der Universität Hamburg, vom Institut für internationales Recht an der Universität Kiel und vom Institut für VR der Universität Göppingen), Heft VI, 1952.

Drost, Heinrich: Grundfragen der Lehre vom Internationalen Rechtsgeschäft, in: Festschrift für Rudolf Laun, Hamburg 1953, S. 213 ff.

Dupuy, R. J.: Le Droit des Relations entre les Organisations Internationales, RC, Bd. 100 (1960 II), S. 461 ff.

Erler, Georg: Staatssouveränität und internationale Wirtschaftsverflechtung, BdtGVR, Heft 1, Karlsruhe 1957, S. 29 ff.

Esser, Josef: Wert und Bedeutung der Rechtsfiktionen, Frankfurt 1940.

Fachiri, Alexander P.: The International Court: American Participation; Statute Revision; BYIL, Bd. XI (1930), S. 85 ff.

Fenwick, Carles G.: International Law, 3. Aufl., New York 1948.

Finer, Herman: Theory and Practice of modern Government, University of Chicago. Dt. Übers.: Der moderne Staat, Bd. II, Stuttgart und Düsseldorf 1958.

Fitzmaurice, Sir Gerald G.: Some Problems Regarding the Formal Sources of International Law, in: Symbolae Verzijl. Festschrift für I. H. W. Verzijl, Den Haag 1958, S. 153 ff.

— The General Principles of International Law considered from the standpoint of the rule of law, RC, Bd. 92 (1957 II), S. 1 ff.

Fleischmann: Der Weg der Gesetzgebung in Preußen, Abhandlungen aus dem Staats- und Verwaltungsrecht, herausgegeben von Siegfried Brie, Heft 1, Breslau 1898.

Flume, Werner: Rechtsgeschäft und Privatautonomie, in: 100 Jahre Deutsches Rechtsleben. Festschrift Dt. Juristentag, Karlsruhe 1960, S. 135—238.

— Das Rechtsgeschäft und das rechtlich relevante Verhalten, Archiv für civilistische Praxis, Bd. 161, S. 52 ff.

Frangulis: Théorie et pratique des traités internationaux, 1936.

Friedmann, Wolfgang: The Changing Structure of International Law, London 1964.

Geck, Wilhelm Karl: Die völkerrechtlichen Wirkungen verfassungswidriger Verträge, Köln und Berlin 1963.

v. Gierke, Otto: Das deutsche Genossenschaftsrecht, Bde. 1, 2, 3, Graz 1954.

— Über die Geschichte des Majoritätsprinzips, in: Essays in Legal History, herausgegeben von P. Vinogradoff, London 1913, S. 312—325.

Gihl: International Legislation, London 1937.

Giraud, Emile: Le Droit international public et la politique, RC, Bd. 110 (1963 III), S. 419 ff.

Guggenheim, Paul: Traité de Droit International Public, Bd. I, Genf 1953.

— Beiträge zum Problem der internationalen Organisation, in: Festgabe für Max Huber zum 60. Geburtstag, Zürich 1934, S. 127 ff.

— La procédure de création d'actes constitutifs d'une Organisation internationale et la mise en viguer de ses règlements techniques, in: Schweizer Jahrbuch für Internationales Recht, Bd. 10, Zürich 1953, S. 202 ff.

Guggenheim, Paul: Völkerrechtliche Verträge, in: Strupp-Schlochauer: Wörterbuch, Bd. III, Berlin 1962, S. 528 ff. (Mitverfasserin: Krystyna Marek).
— Völkerrecht und Landesrecht, in: Strupp-Schlochauer: Wörterbuch, Bd. III, Berlin 1962, S. 651 ff.

Hamann, Andreas: Autonome Satzungen und Verfassungsrecht, Heidelberg 1958.

Haug, Winfried: Autonomie im öffentlichen Recht, Geschichte und allgemeine Dogmatik, Diss., Heidelberg 1961.

Hegel, Georg Wilhelm Friedrich: Grundlinien der Philosophie des Rechts, herausgegeben von Georg Lasson, 2. Aufl., Leipzig 1921.

Heinberg, John Gilbert: Theories of Majority Rule, The American Political Science Review, Bd. 26 (1932), S. 452—469.

v. d. Heydte, Friedrich August: Völkerrecht, Bd. I, Köln 1958.

Hoyt, Edwin C.: The Unanimity Rule in the Revision of Treaties, Den Haag 1959.

Huber, Max: Beiträge zur Kenntnis der soziologischen Grundlagen des Völkerrechts und der Staatengesellschaft, in: Jahrbuch des öffentlichen Rechts der Gegenwart, Bd. IV (1910), S. 56 ff. Ebenfalls veröffentlicht als:
— „Die soziologischen Grundlagen des Völkerrechts", herausgegeben von Herbert Kraus in der Reihe: Internationale Abhandlungen, zweite Abh., Berlin 1928.

Hudson, Manley O.: The Nature of International Legislation, in: Einleitung zu „International Legislation", Bd. I (1919—1921), Washington 1931.
— La Cour Permanente de Justice Internationale, Paris 1936.

Hübner, Heinz: Zurechnung statt Fiktion einer Willenserklärung, in: Festschrift für Hans Carl Nipperdey zum 70. Geburtstag, München und Berlin 1965, S. 373 ff.

Jacobini, H. B.: The New International Sanitary Regulations, unter „Current Notes" in: AJIL, Bd. 46 (1952), S. 727 f.

Jaenicke, Günther: Völkerrechtsquellen, in: Strupp-Schlochauer: Wörterbuch, Bd. III, Berlin 1962, S. 766 ff.

Jasper, E. I. E. M. H.: La Compétence Législative et Réglementaire des Organes collectifs en Droit des Gens, Diss., Utrecht 1936.

Jenks, Wilfred C.: The Common Law of Mankind, London 1958.
— The proper Law of International Organization, London, New York 1962.
— Coordination, a New Problem of International Organization, RC, Bd. 77 (1950 II), S. 149 ff.
— The Will of the World Community as the Basis of Obligation in International Law, in: Hommage Basdevant, Paris 1960, S. 280 ff.
— Interdependence as the basic concept of contemporary international law, in: Problèmes de Droit des Gens, Mélanges offerts à Henri Rolin, Paris 1964, S. 147 ff.
— Unanimity, The Veto, Weighted Voting, Special and Simple Majorities and Consensus as Modes of Decision in International Organizations, in: Cambridge Essays in International Law. Essays in honour of Lord Mc Nair, London und New York 1965, S. 48 ff.

Jessup, Philipp C.: A Modern Law of Nations, New York 1949.

Kaufmann, Erich: Das Wesen des Völkerrechts und die Clausula rebus sic stantibus, Tübingen 1911.

— Normenkontrollverfahren und völkerrechtliche Verträge, in: Forschungen und Berichte aus dem öffentlichen Recht, Gedächtnisschrift für Walter Jellinek, München 1955, S. 445 ff.

Kelsen, Hans: Das Problem der Souveränität und die Theorie des Völkerrechts, 2. Aufl. 1928, unveränderter Neudruck, Tübingen 1960.

— Principles of International Law, New York 1952.

Koo, Wellington: Voting Procedures in International Political Organizations, New York 1947.

Krüger, Herbert: Souveränität und Staatengemeinschaft, BdtGVR, Heft 1, Karlsruhe 1957, S. 1 ff.

Laband, Paul: Das Staatsrecht des Deutschen Reiches, Bd. II, Tübingen 1911.

Labeyrie-Ménahem, C.: Des Institutions Spécialisées, Paris 1953.

Lauterpacht, Sir Hersch: Private Law Sources and Analogies of International Law, London 1927.

— The Contemporary Practice of the United Kingdom in the field of International Law — Survey and Comment, VII, ICLQ, Bd. 8 (1959), S. 146 ff., (187 f.).

Leriche, Anthony: Quelques réflexions sur l'adoption et la conclusion des accords multilateraux déposés auprès du Secrétaire Général de l'Organisation des Nations Unies, Revue de Droit International pour le Moyen Orient, 3. Jg. 1954, Nr. 2, S. 254—265.

Mankiewicz, R. H.: L'Adoption des annexes à la convention de l'Aviation Civile Internationale, in: Beiträge zum internationalen Luftrecht. Festschrift für Alex Meyer. Verkehrswissenschaftliche Veröffentlichungen des Ministeriums für Wirtschaft und Verkehr, Nordrhein-Westfalen, Heft 32, S. 82 ff.

Marek, Krystyna: Völkerrechtliche Verträge, in: Strupp-Schlochauer: Wörterbuch, Bd. III, Berlin 1962, S. 528 ff. (Mitverfasser Paul Guggenheim).

Mc Nair, Arnold D.: The Functions and differing legal Character of Treaties, BYIL, Bd. XI (1930), S. 100 ff.

— The Law of Treaties, Oxford 1961.

v. Meibom, Hanspeter: Die Rechtsetzung durch die Organe der europäischen Gemeinschaften, in: Betriebsberater, Bd. 14 (1959), S. 127 ff.

Menzel, Eberhard: Die englische Lehre vom Wesen der Völkerrechtsnorm, Breslau 1942.

Merle, Marcel: Le pouvoir réglementaire des Institutions Internationales, Ann. Fr., Bd. IV, Paris 1958, S. 341 ff.

Monaco, Riccardo: Manuale di Diritto Internationale Pubblico, Turin 1960.

— L'autonomia normativa degli enti internationali, in: Scritti di Diritto Internationale in onore di Tomaso Perassi, Mailand 1957, Bd. 2, S. 135—168.

Morelli, Gaetano: Cours général de Droit International Public, RC, Bd. 89 (1956 I), S. 441 ff.

Mudaliar, Sir Arcot: World Health Problems, in: International Conciliation, herausgegeben vom Carnegie Endowment for International Peace, Nr. 491, Mai 1953, S. 229 ff.

Münch, Fritz: Internationale Organisation mit Hoheitsrechten, in: Rechtsfragen der internationalen Organisation, Festschrift für Hans Wehberg, herausgegeben von Walter Schätzel und Hans-Jürgen Schlochauer, Frankfurt a. M. 1956, S. 301 ff.

O'Connell, Daniel P.: International Law, Bd. I, London und New York 1965.

Oldenhage, Gerd: Die Reaktionsmaßnahmen internationaler Organisationen gegen Pflichtverletzungen ihrer Mitgliedstaaten, Diss., Göttingen 1963.

Oppenheim, Lassa F. L.: International Law, Bd. I, Peace, 3. Aufl., London 1920; 8. Aufl., herausgegeben von Sir Hersch Lauterpacht, London, New York, Toronto 1955.

— Die Zukunft des Völkerrechts, in: Festschrift für Karl Binding vom 4. Juni 1911, Leipzig 1911, Bd. I, S. 140 ff. Engl. Übers.: The Future of International Law, Oxford 1921.

Parry, Clive: Sources and Evidences of International Law, Manchester 1965.

Perrin, Georges: La neutralité permanente de la Suisse et les Organisations internationales, Heule (Belgien) 1964.

Rabe, Hans-Jürgen: Das Verordnungsrecht der Europäischen Wirtschaftsgemeinschaft, Hamburg 1963.

Radbruch, Gustav: Rechtsphilosophie, 4. Aufl., Stuttgart 1950.

Reuter. M. Paul: Institutions Internationales, Paris 1955. Engl. Übers.: International Institutions, London 1958.

— Droit International Public, Paris 1958.

— Organisations internationales et évolution du droit, in: L'Evolution du Droit Public, Etudes en l'honneur d'Achille Mestre, Paris 1956, S. 447—459.

Riches, Cromwell A.: Majority Rule in International Organization. A Study of the Trend from Unanimity to Majority Decision, Baltimore 1940.

Rolin, Henri: De la Volonté Générale dans les Organisations Internationales, in: La Technique et les Principes du Droit Public. Etudes en l'Honneur de Georges Scelle, Paris 1950, Bd. 2, S. 553 ff.

v. Rönne, Ludwig: Das Staatsrecht des Deutschen Reiches, Bd. 2, 2. Aufl., Leipzig 1877.

Ross, Alf: A Textbook of International Law, General Part. Engl. Übers. des dänischen Originals, London, New York, Toronto 1947. Dt. Übers.: Lehrbuch des Völkerrechts, Stuttgart 1951.

Rousseau, Jean Jacques: Contrat Social ou Principes du Droit Politique, Paris 1762. Dt. Übers. und Kommentierung von Kurt Weigand, München 1959.

Saba, Hanna: Certains aspects de l'évolution dans la technique des traités et conventions internationales, Rev. gén., Bd. 54 (1950), S. 417 ff.

— L'activité quasi-législative des institutions specialisées des Nations Unies, RC, Bd. 111 (1964 I), S. 603 ff.

Sasse, Horst: Der Weltpostverein, Dokumente, Bd. 31, Frankfurt a. M. und Berlin 1959.

Sauer, Ernst: Souveränität und Solidarität. Ein Beitrag zur völkerrechtlichen Wertlehre, in: Göttinger Beiträge für Gegenwartsfragen, Göttingen 1954.

Scelle, Georges: Précis de Droit des Gens, Teil 1, Introduction: Le Milieu Intersocial, Paris 1932.

— Droit International Public, Paris 1944.

Schade, Hans: Das Vetorecht in der Gesetzgebung unter besonderer Berücksichtigung des deutschen Reichsverfassungsrechts, Diss., Stuttgart 1929.

Scheuffler: Die Ratifikationen im Weltpostverein, ZfVR, Bd. 24, Berlin 1940, S. 50 ff.

Scheuner, Ulrich: Die Rechtsetzungsbefugnis internationaler Gemeinschaften, in: Völkerrecht und rechtliches Weltbild. Festschrift für Alfred Verdross, Wien 1960, S. 229 ff.

Schmitt, Carl: Vergleichender Überblick über die neueste Entwicklung des Problemes der gesetzgeberischen Ermächtigungen (Legislative Delegationen), ZaöRV, Bd. VI (1936), S. 252 ff. Ebenfalls abgedruckt in: C. *Schmitt:* Positionen und Begriffe im Kampf mit Weimar-Genf-Versailles 1923 bis 1939, Hamburg 1940.

Schücking, Walter und Hans Wehberg: Die Satzung des Völkerbundes, 2. Aufl., Berlin 1924.

Schulz, Günther: Entwicklungsformen internationaler Gesetzgebung, Bd. 5 der Reihe des Instituts für Völkerrecht der Universität Göttingen, Göttingen 1960.

Schwarzenberger, Georg: A Manual of International Law, 4. Aufl., Bd. 1, London und New York 1960.

Schwarz-Liebermann von Wahlendorf, Hans Albrecht: Mehrheitsentscheid und Stimmenwägung, Tübingen 1953.

Schwelb, Egon: Neue Etappen der Fortentwicklung des Völkerrechts durch die Vereinten Nationen, ArchVR, Bd. 13 (1966), S. 1 ff.

Sharp, W. R.: The New World Health Organization, AJIL, Bd. 41 (1947), S. 509 ff.

Shotwell, James T.: Origins of the International Labour Organization, Bd. I, New York 1934.

Sibert, Marcel: Traité de Droit International Public, Paris 1951, Bd. 1 und 2.

— Les traités internationaux, Paris 1953.

Simmel, Georg: Exkurs über die Überstimmung, in: Soziologie, 1908, S. 186 bis 197.

Skubiszewski, Krzysztof: Forms of Participation of International Organizations in the Lawmaking Processes, in: International Organization, herausgegeben von der World Peace Foundation, Bd. XVIII (1964), S. 790 ff.

Sørensen, Max: Principes de Droit International Public, RC, Bd. 101 (1960 III), S. 1 ff.

Starke, I. G.: An Introduction to International Law, 3. Aufl., London 1954.

— Treaties as a „Source" of International Law, BYIL, Jg. 1946, S. 341 ff. Ebenfalls abgedruckt in: *Starke:* Studies in International Law, London 1965, S. 81 ff.

Tammes, A. J. P.: Decisions of International Organs as a source of International Law, RC, Bd. 94 (1958 II), S. 261 ff.

Triepel, Heinrich: Völkerrecht und Landesrecht, Leipzig 1899.

Tunkin, G. I. (UdSSR): Theoretische Fragen des Völkerrechts. Dt. Übers. in: Modernes Völkerrecht, Form oder Mittel der Außenpolitik, Berlin 1965, S. 209 ff.

Verdross, Alfred: Lehrbuch des Völkerrechts, unter Mitarbeit von Stephan Verosta und Karl Zemanek, 5. Aufl., Wien 1964.

Vignes, Claude-Henri: Organisation Mondiale de la Santé, Questions juridiques, Ann. Fr., Bd. 9 (1963), S. 627 ff.

De Visscher, Charles: Quelques réflexions sur la règle de l'unanimité dans l'organisation internationale, in: Mélanges Ernest Mahaim, Paris 1935, Bd. 2, S. 106 ff.

Vitta, Cino: Le Droit Sanitaire International, RC, Bd. 33 (1930 III), S. 549 ff.

Waldock, Sir Humphrey: General Course on Public International Law, RC, Bd. 106 (1962 II), S. 1 ff.

Wehberg, Hans: Internationale Zusammenarbeit auf dem Gebiete des Gesundheitswesens. Die Weltgesundheitsorganisation, in: Friedenswarte, Bd. 47 (1947), S. 144 ff.

— Ein Vorläufer internationaler Organisation: Der oberste Gesundheitsrat von Konstantinopel (1838—1935), in: Scritti di Diritto Internationale in onore die Tomaso Perassi, Mailand 1957, Bd. 2, S. 405 ff.

— und Walter Schücking: Die Satzung des Völkerbundes, 2. Aufl., Berlin 1924.

Wengler, Wilhelm: Völkerrecht, 2 Bde., Berlin, Göttingen, Heidelberg 1964.

Wolgast, Ernst: Völkerrecht, Berlin 1934.

World Health Organization: Basic Documents, 17. Aufl., Genf, April 1966.

— Handbook of Resolutions and Decisions of the World Health Assembly and of the Executive Board, 8. Aufl., Genf, November 1965.

— Official Records of the World Health Organization, Genf, 1947 ff.

Zemanek, Karl: Weltgesundheitsorganisation, in: Staatslexikon, Bd. VIII, Freiburg 1963, S. 526 ff.

— Das Vertragsrecht der internationalen Organisationen, Wien 1957.

van Zile Hyde, H.: World Health Organization, Progress and Plans, in: U. S. Dept. of State, Publ. Nr. 3126, Washington 1948.

Sachregister

(Die in Klammern eingeschlossenen Zahlen bezeichnen Fußnoten)

— — umgekehrte Proportionalität zum Umfang des Geltungsbereiches 25, 27, 32

— aus der Güte der Vorschrift 57

vereinfachtes Verfahren beim Vertragsschluß 44 f.

— siehe auch: einstufiges Verfahren und: Abschluß vrr. Verträge

Verhaltenshaftung 49 ff.

Vermutung, der Annahme bei Schweigen 44 f., 101 (23)

— der Annahmeverweigerung 44

— von Beschränkungen staatlicher Unabhängigkeit 23

— eines Verzichtes auf Ausübung staatlicher Autonomiegewalt 43

Vernünftigkeit von Mehrheitsbeschlüssen 56, 57 ff.

Veröffentlichung der Beschlüsse, im Amtsblatt der Organisation 94

— im Bundesgesetzblatt 18, 94 (202)

Verordnung, vr. 90 ff.

— Unterschied zur Autonomie 89 f.

— Begriff 99 f.

— und Übertragung vrr. Gewalt 91 f.

— Ermächtigung durch gesetzgebenden Willen 92

— innerstaatliche Verbindlichkeit, allgemein 93 f.

— — nach Art. 189 EWG- und 161 Euratomvertrag 95

Verspäteter Zugang der staatlichen Gegenerklärung 100 ff.

Vertrag, im Sinne von Art. 38 StIGH 95

— als grundsätzliches Mittel aller vrn. Regelung 63 f.

— Abgrenzung gegenüber einseitiger Rechtsetzung 39, 51 f., 76 f.

— und Verpflichtung quasi ex contractu 48

Vertragsänderungen, Möglichkeit 22

— im Verfahren einer Verbindlichkeit mangels Gegenerklärung 29 ff.

Vertragsrecht, Anwendung auf mangels Gegenerklärung verbindliche Beschlüsse:

— — direkte Anwendung 43, 95 (203)

— — analoge Anwendung 95 f.

— Nachordnung internationaler Beschlüsse gegenüber Gewohnheits- und — 88 f.

Vetorecht, Fall fakultativer Mitwirkung 52

— gegenüber den Beschlüssen der ICAO 27

— Bedeutung der Möglichkeit des späteren Gebrauches 80

— absolutes als Kriterium für Sanktionsgewalt 36, 85 (168)

Völkermordabkommen 37 (10)

Vollmacht im einstufigen Verfahren 38

— Darstellung der Befugnis aus Art. 21, 22 SWHO als Blanko— 41 f.

Voluntaristische VRs-Theorien 48, 66 ff.

Vorbehalt, Erklärungen zur IGO 16 f.

— — Erfordernis ihrer Annahme durch die WGVers. 15

— des Rechtes staatlicher Gegenerklärung gegenüber einer heteronomen Rechtsetzungsbefugnis 80 ff.

— zur Satzung der WHO 103 (29)

— der USA zum internationalen Sanitätsabkommen für die Luftfahrt 107

Vorurteile gegen neues Verfahren 25 (26), 43, 45, 106 f.

Vorzeitiger Zugang der staatlichen Gegenerklärung 102 f.

— schon im Rahmen des Beschlußverfahrens 81 f.

Weltgesundheitsorganisation

— Verfahrensarten in der Satzung:

— — Art. 19, Gesundheitsabkommen 22 f., 35, 38, 51, 79

— — Art. 21, 22, Gesundheitsvorschriften 13 f., 19

— — — als einseitige Rechtsetzung 77

— — — als rein gesetzestechnisches Verfahren 90

— — — als VOs-Verfahren 89 ff., 99 f.

— — Art. 23, Empfehlung 80 (145)

— Geschichte 20 ff., 25 (26)

— Rat 85 u. (166)

— Vorschriften Nr. 1 siehe: Nomenklaturvorschriften

— Vorschriften Nr. 2 siehe: internationale Gesundheitsvorschriften

Weltgesundheitsversammlung 13, 14, 57

Weltorganisation für Meteorologie 27, 34 (72)

Weltpostverein 25 f., 30 f.

MIX
Papier aus verantwortungsvollen Quellen
Paper from responsible sources
FSC® C105338

Printed by Libri Plureos GmbH
in Hamburg, Germany